Jan Heimer

Entwicklung eines Customization Frameworks für cloudbasierte Shopfloor Management Systeme

Wie digitale Produkte für Kunden individualisierbar bleiben

Bibliografische Information der Deutschen Nationalbibliothek:

Die Deutsche Nationalbibliothek verzeichnet diese Publikation in der Deutschen Nationalbibliografie; detaillierte bibliografische Daten sind im Internet über http://dnb.d-nb.de abrufbar.

Impressum:

Copyright © Studylab 2020

Ein Imprint der GRIN Publishing GmbH, München

Druck und Bindung: Books on Demand GmbH, Norderstedt, Germany

Coverbild: GRIN Publishing GmbH | Freepik.com | Flaticon.com | ei8htz

Abstract

Digitale Produkte stellen sich im Kontext der Industrie 4.0 der Herausforderung, dass zur erfolgreichen Integration des Systems in ein Unternehmen meist ein hoher Grad an kundenspezifischer Individualisierung in Form von funktionalen und technischen Anpassungen notwendig ist. Dadurch wird für den Kunden die angestrebte Digitalisierung langwierig und kostenintensiv. Für den Anbieter herrscht Planungsunsicherheit und es ist schwierig Skalenerträge mit dem Produkt zu erzielen.

Ziel dieser Arbeit ist es ein Customization Framework für ein digitales Shopfloor Management System am Beispiel des Startups SFM Systems GmbH herzuleiten, um dem Grad an Skalierbarkeit, Standardisierung und Flexibilität auch bei einer cloudbasierten Systemarchitektur gerecht zu werden.

Hierbei werden auf Basis des menschzentrierten Gestaltungsprozesses nach DIN EN ISO 9241-210 eine funktionale und architektonische Modularisierung und eine standardisierte Anforderungsadaption eingeführt, die es dem Kunden ermöglichen, mittels eines Konfigurators das System flexibel seinen Wünschen und Bedürfnissen anzupassen.

Dadurch wird mit Hilfe des Customization Frameworks die methodische Grundlage gebildet, eine klassische On Premise Shop Floor Management Lösung in einen standarisierten, flexiblen und skalierbaren Cloud Service zu überführen.

Inhaltsverzeichnis

Abstract III

Inhaltsverzeichnis IV

Abbildungsverzeichnis VI

Tabellenverzeichnis VII

Abkürzungsverzeichnis VIII

1 Einleitung und Motivation 1

    1.1 Ziel der Arbeit 1

    1.2 Methodik und Aufbau der Arbeit 2

2 Grundlagen zur Thematik 4

    2.1 Definition Digitalisierung 4

    2.2 Definition Industrie 4.0 5

    2.3 Cloud Computing 8

3 Herleitung der Framework-Methodik 12

    3.1 Grundsätze der menschzentrierten Gestaltung 12

    3.2 Phasen und Gestaltungsaktivitäten 14

    3.3 Abgeleitete Framework-Struktur 19

4 Nutzenkontext 22

    4.1 Systemumgebung 22

    4.2 Zielgruppe 24

    4.3 SFMS Digital Teamboard 27

5 Anforderungsermittlung ... 32
5.1 Modularisierung ... 32
5.2 Standardisierung der Anforderungsadaption ... 43

6 Implementierung ... 49
6.1 Eigenschaften des Konfigurators ... 49
6.2 Konfigurationsformular ... 50
6.3 Auswertung und Ergebnis des Konfigurators ... 51

7 Evaluation ... 53
7.1 Ergebnis für die Groß AG ... 53
7.2 Ergebnis für die KMU GmbH ... 56
7.3 Ergebnis für die Klein GmbH ... 57
7.4 Kritische Würdigung der Ergebnisse ... 58

8 Fazit und Ausblick ... 60
8.1 Ausblick ... 61

Anhang ... 62

Literaturverzeichnis ... 65

Abbildungsverzeichnis

Abbildung 1: Aufbau der Arbeit in Anlehnung an den menschzentrierten Gestaltungsansatz ... 2

Abbildung 2: Auflösung der Hierarchieebenen im Produktionssystem ... 7

Abbildung 3: Kerntechnologien von Industrie 4.0 ... 8

Abbildung 4: Cloudarchitektur mit Betreibermodellen ... 10

Abbildung 5: Phasen der menschzentrierten Gestaltungsaktivitäten aus DIN EN ISO 9241-210 ... 15

Abbildung 6: Zusammenhang zwischen DIN 9241-210 und dem SFM Customization Framework ... 21

Abbildung 7: Framework-Module der Nutzenkontext Phase ... 22

Abbildung 8: Übersicht der allgemeinen DTB Systemarchitektur für eine Teaminstanz. 29

Abbildung 9: Framework-Module der Anforderungsermittlung ... 32

Abbildung 10: Modell der Produktstruktur mit verschiedenen Individualisierungsstufen ... 33

Abbildung 11: Architekturvarianten ... 39

Abbildung 12: Framework-Module der Implementierungsphase ... 49

Abbildung 13: Funktionsmechanik des Konfigurators ... 51

Tabellenverzeichnis

Tabelle 1: Ableitungen aus der DIN ISO 9241 für das Customization Framework 20

Tabelle 2: Übersicht Persona 26

Tabelle 3: Binäre Design Structure Matrix der DTB Module 37

Tabelle 4: Qualitative Eigenschaftsmatrix zum Vergleich der Architekturvarianten 43

Tabelle 5: Tableau zur Funktionsumfangsadaption auf Basis der erweiterten Design Structure Matrix 45

Tabelle 6: Mit p_i gewichtete Eigenschaftsmatrix der Architekturvarianten 48

Tabelle 7: Elemente des Konfigurationsformulars zur Erhebung relevanter Informationen 50

Abkürzungsverzeichnis

API	Application Programming Interface (dt. Programmierschnittstelle)
CiP	Zentrum für industrielle Produktivität
CPS	Cyber-Physisches System
CSV	Comma-separated values (Dateiformat)
DSM	Design Structure Matrix
DTB	Digitales Teamboard
ERP	Enterprise Ressource Planning (dt. Geschäftsressourcenplanung)
IaaS	Infrastructure as a Service
IKT	Informations- und Kommunikationstechnologie
in-GmbH	in-integrierte Informationssysteme GmbH
IoT	Internet of Things
IS	Information Systems
KPI	Key Performance Indicator (dt. Leistungskennzahl)
MES	Manufacturing Execution System (dt. Produktionsleitsystem)
MIT	Massachusetts Institute of Technology
NIST	National Institute of Standardization and Technology
OPC UA	Open Platform Communications Unified Architecture
PaaS	Platform as a Service
PoC	Proof of Concept
PTW	Institut für Produktionsmanagement, Technologie und Werkzeugmaschinen
REST	Representational State Transfer
SaaS	Software as a Service

SFM	Shopfloor Management
SFMS	Shopfloor Management Systems GmbH
SOO	Sphinx Open Online
SQL	Structured Query Language

1 Einleitung und Motivation

Durch die voranschreitende Digitalisierung in allen Bereichen des Lebens durchlebt auch das industrielle Umfeld einen Wandel, der unter dem Leitmotto „Industrie 4.0" zusammengefasst werden kann. Die Kernaussage dieses Ansatzes ist, dass durch die Digitalisierung aller Fertigungsebenen eine Produktivitätssteigerung durch das Auflösen des klassisch hierarchischen Systemdenkens erreicht werden kann.

Durch die damit verbundene digitale Verfügbarkeit von Produktionsprozessdaten in Echtzeit ergeben sich auf Shopfloor-Ebene neue Möglichkeiten der rechnergestützten Auswertung und Interaktion mit den Mitarbeitern vor Ort als auch dem Unternehmensmanagement. Die Tiefe der Datenintegration in Produktionsprozessen bringt jedoch auch Herausforderungen mit sich. Die oft über Jahrzehnte gewachsenen heterogenen Produktionsstrukturen sehen sich mit einem disruptiven Wandel konfrontiert, der Anpassungen bezüglich Infrastruktur, Methodik als auch Transfer von interdisziplinärem Know-how erfordert.

Digitale Produkte stellen sich in diesem Kontext deshalb der besonderen Herausforderung, dass zur erfolgreichen Integration des Systems in ein Unternehmen meist ein hoher Grad an kundenspezifischer Individualisierung in Form von funktionalen und technischen Anpassungen notwendig sind. Dadurch wird für den Kunden die angestrebte Digitalisierung langwierig und kostenintensiv. Für den Anbieter herrscht Planungsunsicherheit und es ist schwierig Skalenerträge mit dem Produkt zu erzielen.

Diesen Herausforderungen sieht sich ebenfalls das Digital Teamboard (DTB) der SFM Systems GmbH konfrontiert. Auch ein digitales Produkt muss selbst mit dem digitalen Wandel Schritt halten. Ein alleiniger klassischer On Premise Ansatz reicht mittlerweile meist nicht mehr aus, um allen Kundenanforderungen gerecht zu werden. Der Ansatz des Cloud Computing kann diese Lücke schließen, bringt aber ebenfalls neue Anforderungen mit sich.

1.1 Ziel der Arbeit

Ziel dieser Arbeit ist es, ein Customization Framework für ein digitales Shopfloor Management System herzuleiten, um dem Grad an Skalierbarkeit, Standardisierung und Flexibilität auch bei einer cloudbasierten Systemarchitektur gerecht zu werden.

1.2 Methodik und Aufbau der Arbeit

Zur Erreichung dieses Ziels werden in Kapitel 2 hierfür grundlegende Definitionen für den Einsatzbereich des Frameworks im Kontext der Themen Digitalisierung, Industrie 4.0 und Cloud Computing eingeführt.

Kapitel 3 befasst sich mit der grundlegenden Methodik des menschzentrierten Gestaltungsansatzes für interaktive Systeme nach DIN EN ISO 9241-210. Dieser wird anfangs vorgestellt. Abschließend wird aus ihm die grundlegende Struktur des zu entwickelnden Frameworks abgeleitet und zudem die für diese Arbeit relevanten Bestandteile aufgezeigt. Der weitere Aufbau dieser Arbeit folgt anschließend der Phasenstruktur des menschzentrierten Gestaltungsansatzes, wie in Abbildung 1 aufgezeigt:

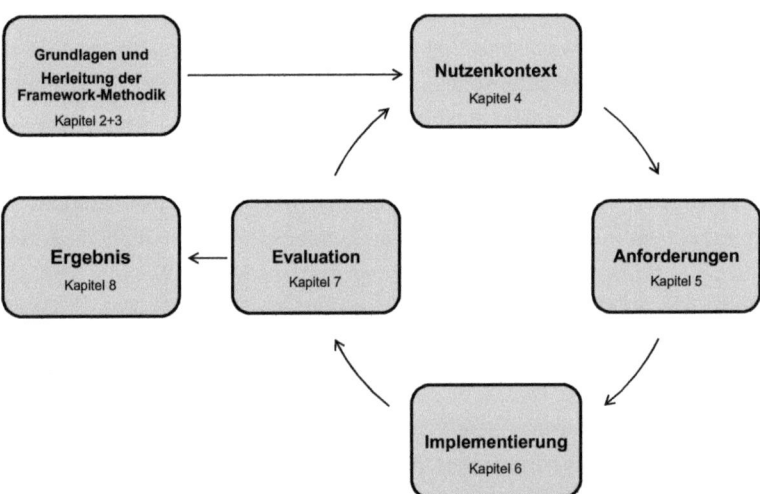

Abbildung 1: Aufbau der Arbeit in Anlehnung an den menschzentrierten Gestaltungsansatz[1]

Nach den Grundlagen und der Einführung des menschzentrierten Gestaltungsansatzes folgt die Analyse des Nutzenkontextes in Kapitel 4. Hierbei wird das Shopfloor Management als Systemumgebung eingeführt sowie die Zielgruppe für ein cloudbasiertes modulares Shopfloor Management System mit Hilfe von Persona Unternehmen definiert. Zusätzlich wird das Digital Teamboard als Anwendungsfall für das Framework in seinem Ausgangszustand vorgestellt.

---

[1] Angelehnt an Phasenschaubild in DIN EN ISO 9241-210 (2011), S. 15.

In Kapitel 5 werden die Framework-Phasen der Modularisierung und Standardisierung behandelt, bei denen als Ergebnis die funktionale als auch die bauliche Anforderungsadaption hergeleitet werden.

In Kapitel 6 werden die zuvor theoretisch hergeleiteten Framework-Methoden der Modularisierung und Standardisierung in Form eines Shopfloor Management System Konfigurators implementiert.

Die Evaluation des Konfigurators wird als letzte Phase des menschzentrierten Ansatzes in Kapitel 7 thematisiert. Hierfür wird der Konfigurator aus Sicht der Persona Unternehmen angewandt und die Ergebnisse evaluiert.

Im letzten Kapitel 8 wird das Ergebnis der Arbeit in einem Fazit zusammengefasst und ein Ausblick bezüglich der Einsatzmöglichkeiten des Frameworks gegeben.

2 Grundlagen zur Thematik

In diesem Kapitel werden thematische Grundlagen dieser Arbeit eingeführt und definiert. Grundlagen hierbei bilden die beiden übergeordneten Themen Digitalisierung bzw. digitale Transformation und Industrie 4.0. Zusätzlich wird das Themengebiet des Cloud Computing hinsichtlich seiner Kernmerkmale vorgestellt.

2.1 Definition Digitalisierung

Digitalisierung im Unternehmenskontext beschreibt die Erhebung, digitale Speicherung und Nutzung von großen Datenmengen in allen Bereichen der Wirtschaft[2].

Digitalisierung kann aber auch zu einer Neuausrichtung der Wertschöpfungssysteme führen und damit eine radikale Veränderung im gesamten Wertschöpfungssystem ermöglichen, wenn radikale Veränderungen der Prozesse, Leistungen und Geschäftsmodelle zusammenspielen[3].

Digitale Transformation beschreibt die Auswirkungen der Digitalisierung auf Unternehmen[4].

Digitalisierung als eine Umfeldveränderung kann bei „Produkten und Dienstleistungen sowie Geschäftsmodellen eine Verbesserung und ... inkrementelle ... bzw. radikale Innovation ermöglichen."[5] Erfolgsfaktoren für solche Verbesserungen und Innovationen durch die digitale Transformation sind u.a.[6]:

- Vernetzung der vollständigen Wertstromkette verkürzt Produktionszeiten und Innovationszyklen.
- Digitale Daten unterstützen die Planung durch Verarbeitung von großen Datenmengen und einer daraus genaueren Vorhersage und Entscheidungsfindung.

---

[2] Vgl. Proff; Fojcik (2018) S. 12.
[3] Ebd., S. 18.
[4] Vgl. Oswald; Krcmar (2018) S. 5.
[5] Proff; Fojcik (2018), S. 13.
[6] Vgl. Bovenschulte et al. (2018) S. 5f.

- Automatisierung kann enorm von der Kombination moderner Ansätzen wie künstlicher Intelligenz und autonomen Systemen profitieren.
- Digitaler Kundenzugang gibt den Raum für völlig neuartige Ansätze die Kunden zu erreichen und neue Märkte zu akquirieren.

2.2 Definition Industrie 4.0

Der Begriff Industrie 4.0 wurde erstmalig 2013 von dem Arbeitskreis Industrie 4.0 im Bericht „Umsetzungsempfehlungen für das Zukunftsprojekt Industrie 4.0" eingeführt[7]. Dieses Projekt folgt dem Leitgedanken, dass die Produktionstechnik nach der Mechanisierung, Elektrifizierung und Informatisierung nun in vierter Stufe durch die Digitalisierung erneut revolutioniert werden kann[8].

Das Begriffsverständnis entspricht hierbei der in 2015 aktualisierten Definition des Lenkungskreises der Plattform Industrie 4.0:

> „Der Begriff Industrie 4.0 steht für die vierte industrielle Revolution, einer neuen Stufe der Organisation und Steuerung der gesamten Wertschöpfungskette über den Lebenszyklus von Produkten. Dieser Zyklus orientiert sich an den zunehmend individualisierten Kundenwünschen und erstreckt sich von der Idee, dem Auftrag über die Entwicklung und Fertigung, die Auslieferung eines Produkts an den Endkunden bis hin zum Recycling, ... verbundenen Dienstleistungen. Basis ist die Verfügbarkeit aller relevanten Informationen in Echtzeit durch Vernetzung aller an der Wertschöpfung beteiligten Instanzen sowie die Fähigkeit, aus den Daten den zu jedem Zeitpunkt optimalen Wertschöpfungsfluss abzuleiten."[9]

Um diese „neue Form der Industrialisierung zu erschließen"[10] wurden auf Basis dieser Definition grundlegende Konzepte (Kapitel 0) und Technologien (Kapitel 0) zur Digitalisierung definiert, die eine Führungsposition der deutschen Industrie gewährleisten sollen. Diese werden im Folgenden kurz vorgestellt.

---

[7] Kagermann et al. (2013).
[8] Vgl. Schaubild im Anhang A.1 und ebd., S.12.
[9] Plattform Industrie 4.0 (2015), S.8.
[10] Kagermann et al. (2013), S.18.

2.2.1 Themenfelder und Strategie

Es wurden fünf Themenfelder definiert, die als Leitparadigmen der Industrie 4.0 anzusehen sind[11]. Ziel ist es bis 2035 Rahmenbedingungen bezüglich Standardisierung und Normung, Sicherheit und rechtlicher Rahmenbedingungen zu schaffen. Mittelfristig soll damit die Grundlage für eine erfolgreiche Digitalisierung der deutschen Industrie gewährleistet werden, um langfristig am globalen Markt konkurrenzfähig zu bleiben und eine Führungsrolle einnehmen zu können. Die fünf Themenfelder sind hierbei:

Horizontale Integration über Wertschöpfungsnetzwerke: Hierunter versteht man die Integration von IT-Systemen aus den einzelnen Wertschöpfungsprozessen innerhalb des Unternehmens als auch über die Unternehmensgrenzen hinaus.

Vertikale Integration und vernetzte Produktionssysteme: Die vertikale Integration bezieht sich auf die Integration von IT-Systemen durch und zwischen den verschiedenen Ebenen eines Produktionssystems. Dies führt dazu, dass die klassischen hierarchischen Strukturen des Produktionssystems aufgeweicht bzw. aufgelöst werden.

Durchgängiges Engineering über den gesamten Lebenszyklus: Produktorientierte Datenintegration über den gesamten Lebenszyklus eines Produktes hinweg in den Phasen der Entwicklung, Produktion, Nutzung und Recycling des Produktes.

Neue soziale Infrastrukturen der Arbeit: Digitalisierung bringt Veränderung für die Arbeitsweise, Arbeitsbedingungen und Organisation mit sich. Multimodale Assistenzsysteme können die Beschäftigten bei ihren Tätigkeiten unterstützen.

Entwicklung von Querschnittstechnologien: Technologische Voraussetzungen müssen für die Industrie 4.0 entwickelt oder aus anderen Disziplinen adaptiert werden. Kerndisziplinen hierbei sind u.a. Cyber-Physische Systeme (CPS), Internet der Dinge (IoT), Cloud Computing und Cyber-Security[12].

---

[11] Vgl. Plattform Industrie 4.0 (2015), S.19.
[12] Gölzer; Amberg (2016), S.31.

2.2.2 Technologieansatz

Die Kernbausteine vereint, dass sie alle auf einen systemübergreifenden IKT-Ansatz setzen. Hierbei steht die Überführung von klassischen hierarchischen Strukturen hin zu offenen, globalen Informationsplattformen im Mittelpunkt[13]. *Cyber-Physische Systeme* lösen hierbei die fixen Hierarchien der Automationspyramide auf und überführen sie in ein dezentrales System.

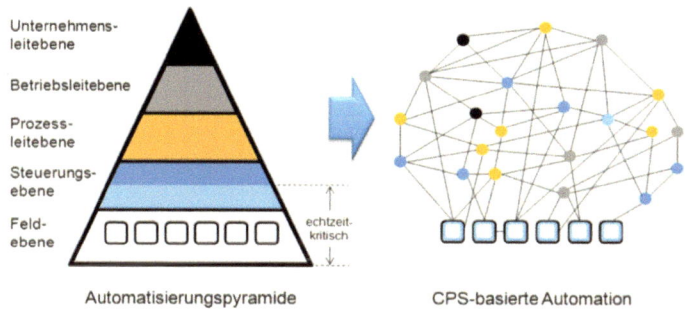

Abbildung 2: Auflösung der Hierarchieebenen im Produktionssystem[14]

Bereitgestellt von diesen CPS ist es möglich, Informationen und Daten aller Unternehmensebenen im *Internet der Dinge* cloudbasiert bereitzustellen, zu speichern und auswerten zu können (siehe Abbildung 3).

---

[13] Vgl. Bettenhauser; Kowalewski (2013), S.5.
[14] Abbildung entnommen aus Ebd., S.4.

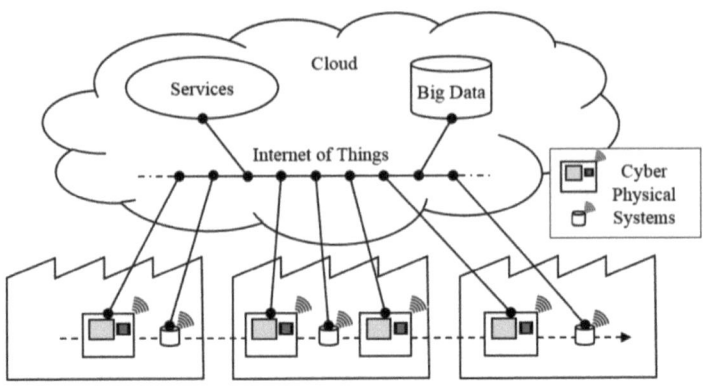

Abbildung 3: Kerntechnologien von Industrie 4.0[15]

2.3 Cloud Computing

Nicht zuletzt durch die Kerntechnologien der Industrie 4.0 (siehe 0) gewinnen im industriellen Umfeld cloudbasierte Softwarelösungen stetig an Relevanz. Einen allgemeinen Definitionsansatz für Cloud Computing liefert die NIST Definition of Cloud Computing:

> "Cloud computing is a model for enabling ubiquitous, convenient, on-demand network access to a shared pool of configurable computing resources (e.g., networks, servers, storage, applications, and services) that can be rapidly provisioned and released with minimal management effort or service provider interaction."[16]

Sie beschäftigt sich zudem mit den Kernmerkmalen und den grundsätzlichen Betreiber- als auch Bereitstellungsmodellen. In den folgenden Abschnitten werden diese kurz vorgestellt.

---

[15] Gölzer et al. (2015), S.2.
[16] Mell; Grance (2012), S.2.

2.3.1 Kernmerkmale von Cloud Computing

Bei den Kerncharakteristiken des Cloud Computing Ansatzes handelt es sich um:

On demand self service *(Leistungsbezug und Einrichtung auf Abruf)*: Der Nutzer kann Rechenkapazitäten, wie z.b. Rechenzeit oder Speicherplatz, eigenständig beziehen. Dieser Prozess ist automatisiert, wodurch keine menschliche Interaktion zur Einrichtung notwendig ist.

Broad network access: *(Netzwerkanschluss mit hoher Bandbreite und Reichweite)*: Der Service ist mittels gängiger Plattformen (z.B. PC, Smartphones) erreichbar. Seine Netzanschlussbandbreite ist hoch angesetzt, damit auch bei hoher Auslastung kein Engpass entsteht.

Resource pooling *(Ressourcenbündelung in Pools)*: Einzelne Hardwareressourcen (z.B. Rechenleistung, Speicherplatz) werden in Pools gebündelt und anschließend bedarfsabhängig auf den Ressourcenbezug der Anwender verteilt. Hierbei hat typischerweise der Nutzer kein Wissen und auch keinen Einfluss darauf, welche Hardwareressourcen für seine Aufgaben verwendet werden.

Rapid elasticity *(Rapide Systemelastizität)*: Bedarfsabhängige und flexible Ressourcen-bereitstellung der in Pools gebündelten Hardwareressourcen. Auf diese Weise können Lastschwankungen über das gesamte System aufgefangen werden. Aus Sicht des Nutzers entstehen für ihn daraus scheinbar unendliche Ressourcen.

Measured service: *(Nutzenprotokollierung)*: Die Ressourcennutzung des einzelnen Nutzers ist messbar. Dies schafft für Kunde und Anbieter Transparenz und macht Pay-per-use Abrechnungsmodelle realisierbar.

2.3.2 Betreibermodelle

Es gibt drei grundsätzliche Betreibermodelle von Cloud Computing Lösungen. Diese richten sich nach verschieden Anforderungen der Kunden an die jeweiligen Systeme und basieren auf den drei Schichten der Cloudarchitektur Infrastruktur, Plattform und Anwendung (siehe Abbildung 4).

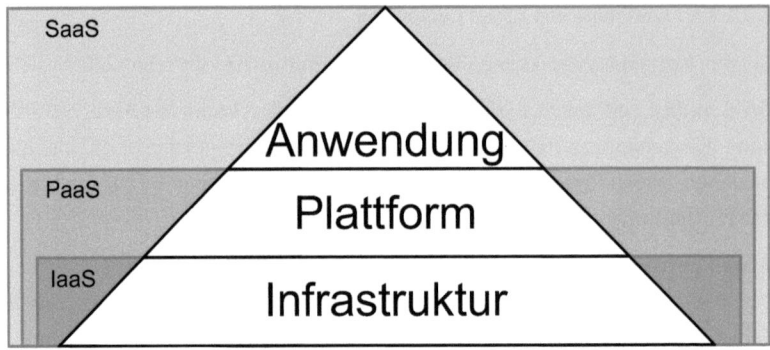

Abbildung 4: Cloudarchitektur mit Betreibermodellen

Software as a Service (SaaS): In diesem Modell wird eine Anwendung in Form eines Dienstes in der Cloud bereitgestellt. Das bereitgestellte Produkt umfasst somit nur die Anwendung. Der Nutzer hat keine Möglichkeit die zu Grunde liegende Plattform und Infrastruktur zu verwalten.

Platform as a Service (PaaS): Das PaaS-Modell stellt dem Kunden eine Plattform zur Verfügung, mit der er Anwendungen entwickeln, bereitstellen und verwalten kann. Anders als beim SaaS-Modell befindet sich so die Anwendung unter vollständiger Kontrolle des PaaS-Kunden. Auf die Infrastruktur und die damit verbundenen Ressourcen hat aber auch er keinen direkten Einfluss.

Infrastructure as a Service (IaaS): Bei diesem Betreibermodell werden dem Anwender infrastrukturelle Ressourcen zur Verfügung gestellt. Er hat die Möglichkeit diese zusammenzustellen und zu konfigurieren, hat aber keinen Zugriff auf konkrete Hardwarekomponenten. In diesem Modell hat er somit die Kontrolle über die Plattform (z.B. in Form eines Betriebssystems) als auch über die darauf laufende Anwendung.

2.3.3 Bereitstellungsmodelle

Bereitstellungsmodelle unterscheiden sich in den Eigenschaften, *wie* die Cloud erreichbar ist, für *wen* sie erreichbar ist und *wer* der Eigentümer der Infrastruktur ist und sie bereitstellt. Hierbei gibt es die vier grundlegenden Konzepte Private, Public, Hybrid und Community Cloud:

Private Cloud: Diese Infrastruktur wird bereitgestellt für die exklusive Nutzung durch eine Organisation (Kunde). Er kann hierbei selbst der Eigentümer sein, der die Cloud verwaltet und betreibt. Sie kann aber auch von einem externen Dienstleister bezogen werden. Eine Kombination daraus ist ebenfalls möglich.

Community Cloud: Dieses Modell stellt die Cloud-Infrastruktur einer Gemeinschaft von (meist zusammenarbeitenden) Organisationen zur Verfügung. Auch hier ist es möglich, dass die Cloud von der Gemeinschaft, von einzelnen Organisationen aus der Gemeinschaft oder von einem externen Dienstleister betrieben wird.

Public Cloud: Hierbei wird die Cloud-Infrastruktur einer „breiten Öffentlichkeit zur gemeinsamen Nutzung über das Internet"[17] zur Verfügung gestellt. Der Dienstanbieter ist verantwortlich für die Bereitstellung und Sicherung des Dienstes. Dem einzelnen Kunden entstehen individuell ermittelbare Kosten in Abhängigkeit von seiner Ressourcennutzung.

Hybrid Cloud: Bei einer Hybrid Cloud wird abhängig von den Anforderungen an das System eine Kombination aus den anderen Bereitstellungsmodellen gebildet.

---

[17] Nowak (2017), S. 5.

3 Herleitung der Framework-Methodik

Da die Struktur des Frameworks von dem Phasenmodell des menschzentrierten Gestaltungsansatzes nach DIN EN ISO 9241-210 abgeleitet werden soll, wird dieser Produktentwicklungsansatz im folgenden Kapitel vorgestellt. Zudem werden für das Framework relevante Bestandteile aufgezeigt. Die Norm ist Teil der Reihe 9241 „Ergonomie der Mensch-System-Interaktion" und gilt als „allgemein anerkannte Leitlinie, deren Einhaltung empfohlen wird."[18]

Die Wahl dieses Ansatzes für die Entwicklung des DTB Cloud-Frameworks bietet sich vor allem auch deshalb an, da durch den iterativen Ansatz des Modells die aktuelle On Premise Lösung des DTB als vorangegangener Iterationszyklus angesehen wird und so in den neuen Zyklus mit einfließen kann. So kann in den Phasen Nutzenkontextanalyse und Anforderungsdefinition auf diese Ergebnisse zurückgegriffen und aufgebaut und durch den Cloud-Ansatz modular erweitert werden.

Ziel dieses Ansatzes ist abschließend alle relevanten Elemente des Gestaltungsansatzes in eine Framework-Struktur zu überführen.

3.1 Grundsätze der menschzentrierten Gestaltung

In diesem Kapitel werden die fünf Grundsätze, die in der ISO-Norm definiert sind, kurz vorgestellt.

3.1.1 Partizipation der Nutzer

In den Entwicklungsprozess sollen zukünftige Nutzer und relevante Stakeholder mit eingebunden werden. Hierbei sind vor allen Dingen das umfassende Verständnis der zukünftigen Nutzer, ihre Arbeitsaufgaben und die Arbeitsumgebung von hoher Relevanz. Eine aktive Partizipation kann hierbei durch Bereitstellung von Informationen als auch durch die konkrete Teilnahme an der Evaluation erreicht werden[19].

> **Ableitung für das Framework:**
> Die Partizipation durch den Nutzer wird sich im Kontext des Frameworks hauptsächlich auf einen *Konfigurator* und dessen Anwendung beschränken.

---

[18] König (2012), S.30.
[19] Vgl. DIN EN ISO 9241-210 (2011), S.10.

3.1.2 Iterativ zyklisches Vorgehen

Bei der Gestaltung von interaktiven Systemen soll iterativ vorgegangen werden, um so systematisch Fehler zu beseitigen. Es ist davon auszugehen, dass ein iteratives Vorgehen hierbei zielführend ist, da es die Komplexität von Mensch-Maschinen-Schnittstellen meist nicht erlaubt bereits zu Beginn alle relevanten Informationen zur Bestimmung der Anforderungen zur Verfügung zu haben. Gerade den Nutzern fällt es nach ersten Evaluierungsrunden eines Prototyps meist leichter Rückmeldung zu Ergonomie und weiteren Anforderungen zu geben[20].

> **Ableitung für das Framework:**
> Es muss dem Nutzer möglich sein die Systemkonfiguration *flexibel* anpassen zu können. Dies schließt funktionale Anpassungen als auch die Systemarchitektur mit ein.

3.1.3 Benutzerzentrierte Evaluation

Wie bereits aufgeführt ist die Rückmeldung der zukünftigen Nutzer von hoher Relevanz. Diese Art der Partizipation minimiert das Risiko, dass an den eigentlichen Anforderungen der Nutzer vorbei entwickelt wird und somit nicht alle relevanten Anforderungen erfüllt werden. Die benutzerzentrierte Evaluation kann hierbei mit aktiver Partizipation beim betrieblichen Einsatz oder zumindest aus der Perspektive der Nutzer erfolgen[21].

> **Ableitung für das Framework:**
> Nutzerfeedback für die aktuelle On Premise Lösung sollte die Grundlage für die zukünftige Funktionsumfangserweiterung des Systems bilden. Eine Analyse des *Istzustands* ist daher von großer Wichtigkeit.

3.1.4 Berücksichtigung der User Experience

„User Experience ergibt sich aus der Darstellung, Funktionalität, Systemleistung, dem interak- tiven Verhalten und den unterstützenden Ressourcen eines interaktiven Systems, sowohl der Hardware als auch der Software. Sie ist auch eine Folge der bisherigen Erfahrungen, Einstel- lungen, Fähigkeiten, Gewohnheiten und der Persönlichkeit des Benutzers"[22].

---

[20] Vgl. Ebd., S.11.
[21] Vgl. Ebd., S. 10.
[22] Ebd., S. 11.

Gerade im industriellen Kontext sind die Erfahrungen, Fähigkeiten sowie Gewohnheiten der Nutzer von hoher Wichtigkeit. Bei der Überführung eines zuvor analog geführten Prozesses hin zu einem digitalen System gilt es abzuwägen, welche Tätigkeiten nun effizienzsteigernd durch das System übernommen werden können und welche noch vom Benutzer durchgeführt werden müssen. Auch bei dieser Entscheidungsfindung sollen relevante Nutzer mit involviert sein[23].

> **Ableitung für das Framework:**
> Das System sollte so konfigurierbar sein, dass es an die gängigen Gegebenheiten im Produktionsumfeld und an die *Prioritäten des Kunden* anpassbar ist.

3.1.5 Interdisziplinäre Kompetenzen

Interdisziplinäres Denken fördert die Kreativität und entspricht dem Grundsatz der menschzentrierten Gestaltung für mehrere Nutzergruppen. Hierbei sollen möglichst alle involvierten Sichtweisen berücksichtigt werden. Beispiele für in der Norm aufgeführte Kompetenzen sind Fachwissen, Arbeitswissenschaft und Ergonomie, Systemtechnik sowie Wissen über Nutzer und weitere Interessengruppen[24].

> **Ableitung für das Framework:**
> Bei der Anforderungsadaption sollten *technische, methodische als auch betriebswissenschaftliche Aspekte* berücksichtigt werden.

3.2 Phasen und Gestaltungsaktivitäten

Die Gestaltungsaktivitäten unterteilen sich in vier Hauptphasen:

- Verstehen und Beschreiben des Nutzenkontextes
- Spezifizieren der Nutzenanforderungen
- Entwerfen der Gestaltungslösungen
- Testen und Bewerten der Gestaltung

und entsprechen somit den allgemeinen Phasen von Gestaltung und Entwicklung (Anforderung, Gestaltung, Verifizierung und Validierung). Die Phasen können dadurch auch in andere Gestaltungsansätze eingebunden beziehungsweise überführt werden[25].

---

[23] Vgl. Ebd., S. 12.
[24] Vgl. Ebd., S. 12.
[25] Vgl. Ebd., S. 14.

In Abbildung 5 wird ersichtlich, dass zwischen den einzelnen Phasen wechselseitige zyklische Abhängigkeiten bestehen.

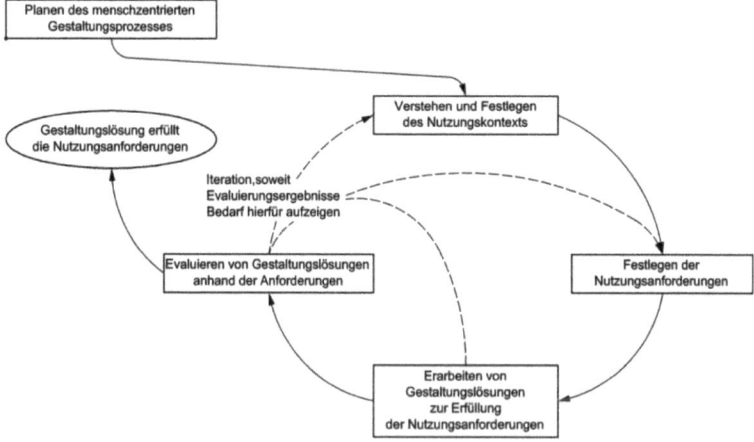

Abbildung 5: Phasen der menschzentrierten Gestaltungsaktivitäten aus DIN EN ISO 9241-210[26]

3.2.1 Nutzenkontextanalyse

Die Nutzenkontextanalyse beschäftigt sich mit dem Verstehen und Beschreiben von „Benutzermerkmalen, Arbeitsaufgaben und die organisatorische, technische und physische Umgebung"[27].

Die Nutzenkontextbeschreibung muss die Benutzer sowie sonstige relevante Interes- sengruppen identifizieren und beschreiben. Es ist insbesondere auf die Besonderheiten und Merkmale der jeweiligen Benutzergruppen einzugehen. Beispiele für relevante Merkmale sind z.B. „Kenntnisse, Fertigkeiten, Erfahrung, Ausbildung, Übungen, physische Merkmale, Gewohnheiten, Vorlieben, Fähigkeiten"[28].

Des Weiteren müssen die Ziele und Arbeitsaufgaben des Systems und der Nutzer identifiziert werden. Dies schließt u.a. die Gebrauchstauglichkeit, typischerweise ausgeführte Arbeitsaufgaben sowie mögliche Risiken bei der Ausführung ein.

---

[26] Ebd., S. 15.
[27] Ebd., S. 16.
[28] Ebd., S. 16.

Bei der Systemumgebung können technische, physikalische, soziale als auch kulturelle Aspekte berücksichtigt werden[29]. „Die technische Umgebung [schließt hierbei] Hardware, Software und Materialien [ein.] ... Zu den physikalischen Eigenschaften zählen Aspekte wie beispielsweise thermische Bedingungen, Beleuchtung, Raumgestaltung und Möbel. Zu den sozialen und kulturellen Aspekten der Umgebung zählen Faktoren wie Arbeitsweisen, Organisationsstruktur und Einstellungen"[30].

> **Ableitung für das Framework:**
> In einer *Analysephase* müssen Nutzergruppen identifiziert und charakterisiert sowie die Systemumgebung und die eigentliche Anwendung als Arbeitsaufgabe des Systems beschrieben werden.

3.2.2 Anforderungsanalyse und -ermittlung

Die der Nutzenkontextanalyse angeschlossene Aktivität hat das Ziel die Erfordernisse der Nutzer zu identifizieren und daraus Nutzenanforderungen abzuleiten und zu spezifizieren. Die Anforderungen können hierbei je nach System technischer als auch organisatorischer und ergonomischer Natur sein. „Nutzungsanforderungen bilden die Grundlage für die Gestaltung und Bewertung interaktiver Systeme zur Befriedigung der Erfordernisse der Benutzer"[31]. Um die Qualität der Spezifikationen von Nutzungsanforderungen sicherzustellen, müssen sie gewisse Grundsätze erfüllen. So muss die Anforderung von den relevanten Stakeholdern verifiziert sein. Zusätzlich muss eine nachfolgende Prüfung über den Erfolg der Umsetzung möglich und frei von Widersprüchen sein. Das heißt, dass für in Konflikt stehende Anforderungen eine Lösung oder z.B. eine Trade-Off Entscheidung getroffen werden muss. Außerdem muss gewährleistet sein, dass Anforderungen aktualisiert werden, sobald dies während des Projektverlaufs notwendig wird[32].

---

[29] Vgl. Ebd., S. 16 f.
[30] Ebd., S. 17.
[31] Ebd., S. 17.
[32] Vgl.Ebd., S. 17.

In der praktischen Umsetzung wird als Ergebnis dieser Phase meist von Seiten der Stakeholder ein Lastenheft formuliert. In Zusammenarbeit mit der Entwicklung wird daraus ein technisches Pflichtenheft abgeleitet, welches die spezifizierten Nutzenanforderungen für das System zusammenfasst und dokumentiert[33].

> **Ableitung für das Framework:**
> Dem Nutzer muss die Möglichkeit gegeben sein, dass er das System funktional als auch strukturell anpassen kann. Hierfür muss der funktionale als auch bauliche Umfang des Systems *modularisiert* und die darauf aufbauende Anforderungsadaption *standardisiert* werden.

3.2.3 Entwurf von Gestaltungslösungen und Implementierung

Aufbauend auf dem in den vorangegangenen Phasen analysierten Nutzenkontext sowie den definierten Anforderungen an das System werden bei der dritten Aktivität daraus ein oder mehrere Entwürfe abgeleitet. Kann es sich zu Beginn noch um sehr vereinfachte Modelle, Simulationen oder Prototypen handeln, konkretisieren sich diese im Verlauf des Entwicklungsprozesses stetig. Dies hat den Vorteil, dass mehrere Entwürfe in der frühen Phase kostengünstig getestet werden können und von Beginn an ein konstruktives Feedback der Nutzer möglich ist.

Auf Basis dieser nutzerzentrierten Evaluierung werden die Gestaltungslösungen kontinuierlich verfeinert und schlussendlich eine Lösung ausgewählt. Es gilt zu beachten, dass etwaige spätere Anpassungen in der Kontextanalyse oder Anforderungsdefinition berücksichtigt werden müssen.

Bevor anschließend die eigentliche Implementierung beginnt, ist es von großer Wichtigkeit, dass mit den relevanten Nutzern und Stakeholdern die ausgewählte Gestaltungslösung bestimmt und evaluiert wird. Dabei gilt es vor allem die Erfüllung der zuvor definierten Anforderungen zu prüfen[34]. Hierfür ist es von Vorteil, dass in den vorangegangenen Phasen bereits ein Lastenheft angefertigt und daraus ein Pflichtenheft abgeleitet wurde.

In der anschließenden konkreten Implementierung der ausgewählten Gestaltungslösung sollten folgende Grundsätze der menschzentrierten Gestaltung nach DIN EN ISO 9241-110[35] und Bruder & Didier[36] Beachtung finden:

---

[33] Vgl. Teich et al. (2008), S.8.
[34] Vgl. DIN EN ISO 9241-210 (2011), S. 20 f.
[35] Vgl. DIN EN ISO 9241-110 (2008), S. 7.
[36] Vgl. Bruder; Didier (2015), S. 638 f.

3.2.3.1 Aufgabenangemessenheit

Ein Computerprogramm ist aufgabenangemessen, wenn es zur Erledigung der konkreten Tätigkeit brauchbar ist. „Brauchbar" bedeutet, dass alle Tätigkeiten, die zu erledigen sind, vom Programm unterstützt werden und das Programm dabei wirklich eine Hilfe und kein nötiges Übel ist, welches die Arbeit in manchen Situationen eher erschwert oder umständlicher macht.

3.2.3.2 Selbstbeschreibungsfähigkeit

Ein Computerprogramm ist selbstbeschreibungsfähig, wenn der Nutzer jederzeit darüber informiert wird, was der Computer gerade macht und was er als nächstes von ihm als Eingabe oder Reaktion erwartet. Dies bedeutet unter anderem, dass alle Rückmeldungen und nächsten Schritte ersichtlich und nachvollziehbar sind.

3.2.3.3 Steuerbarkeit

Ein Computerprogramm ist steuerbar, wenn der Benutzer die Abfolge der Arbeitsschritte weitgehend selbst bestimmen kann. Dazu gehört auch das Unterbrechen der Arbeitsschritte ohne Datenverlust.

3.2.3.4 Erwartungskonformität

Ein Computerprogramm ist erwartungskonform, wenn der Nutzer bei der Arbeit mit dem Computer keine „Überraschungsmomente" erlebt. Solche Momente können zum Beispiel auftreten, wenn sich eine Funktion an einer ganz anderen Stelle im Menü befindet, als es zu erwarten ist, oder wenn Aufgaben so nicht ausgeführt werden können, wie der Nutzer es gewohnt ist.

3.2.3.5 Individualisierbarkeit

Ein Computerprogramm ist individualisierbar, wenn Einstellungen des Programms individuellen Bedürfnissen anpassbar sind.

3.2.3.6 Lernförderlichkeit

Ein Computerprogramm ist lernförderlich, wenn es unter anderem ermöglicht, selbständig das System zu testen und kennenzulernen. Hierfür sollte das System Hilfestellungen bereithalten, um das System selbstständig verstehen zu können.

> **Ableitung für das Framework:**
> Der aus der Anforderungsadaption abgeleitete Konfigurator muss dem Nutzer bei der Systemkonfiguration assistieren und seine Eingaben validieren. Der Grundsatz der *Individualisierbarkeit* bildet zudem den Kern des Customization Framework Ansatzes.

3.2.4 Evaluierung

Kernfunktionen der menschzentrierten Evaluierungsphase sind das Sammeln von weiteren Informationen über die Erfordernisse der Benutzer, Rückmeldung der Nutzer über die Stärken und Schwächen der Gestaltungslösungen, Beurteilung ob und in welchem Grad die definierten Anforderungen erreicht wurden sowie der Vergleich zwischen den verschiedenen Gestaltungslösungen[37]. Abhängig davon, auf welche vorangegangene Aktivitätenphase sich die Ergebnisse der Evaluierung auswirken, ist der Zyklus komplett oder zumindest teilweise neu zu durchlaufen.

Um diese Funktionen der Evaluierung zu gewährleisten, ist eine frühzeitige Zuweisung von Ressourcen zur Planung, Durchführung und Analyse der Evaluierung notwendig. Die Durchführung kann grundsätzlich mit dem Benutzer zusammen beispielsweise in Feldversuchen und Usability-Tests durchgeführt werden. Sie kann aber auch inspektionsbasiert durch Experten ohne direkte Teilnahme der Nutzer umgesetzt werden. Im Verlauf des Produktlebenszyklus sollte darüber hinaus eine Langzeitbeobachtung implementiert werden[38].

> **Ableitung für das Framework:**
> Die klassische Evaluationsphase ist nicht Bestandteil des Frameworks, da ihr Fokus auf der Bereitstellung und Individualisierung eines bestehenden Produktes liegt.

3.3 Abgeleitete Framework-Struktur

In den vorangegangenen Kapiteln wurden die Grundsätze und die Phasen des menschzentrierten Gestaltungsansatzes vorgestellt und daraus wichtige Bestandteile und Grundsätze für das Customization Framework abgeleitet. Diese sind in Tabelle 1 nochmals zusammengefasst:

---

[37] Vgl. DIN EN ISO 9241-210 (2011), S. 22.
[38] Vgl. Ebd., S. 22-24.

Tabelle 1: Ableitungen aus der DIN ISO 9241 für das Customization Framework

Din ISO 9241-210	Framework
Partizipation	Nutzerpartizipation durch Konfiguraton
Iterativer Ansatz	Flexibilität
Benutzerzentrierte Evaluation	Istzustandanalyse
User Experience	Priorisierung durch den Kunden
Interdisziplinär	Berücksichtigung von technischen, methodischen und betriebswissenschaftlichen Aspekten
Nutzenkontext	Analyse (Nutzer, Anwendung, Umgebung)
Anforderungsanalyse	Modularisierung und Standardisierung der Anforderungsadaption
Implementierung	Individualisierbarkeit, Assistenz bei der Konfiguration

Kernfunktion des Customization Framework ist demnach die *Individualisierbarkeit* eines modularen Shopfloor Management Systems hinsichtlich Funktionsumfang und Architektur. Diese *Individualisierbarkeit und Flexibilität* wird mittels eines *Konfigurators* erreicht, der *technische, methodische als auch betriebswissenschaftliche Aspekte* sowie eine *Eigenschaftspriorisierung* berücksichtigt. Zudem wird der Nutzer durch das System bei der Konfiguration *unterstützt*, indem auf Basis seiner Angaben die passende Systemkonfiguration ermittelt und vorgeschlagen wird.

Zur Umsetzung dieser Kernfunktionen setzt sich das Customization Framework aus vier Phasen zusammen, die aus den Phasen des menschzentrierten Gestaltungsansatzes abgeleitet sind:

In der *Analysephase* wird der *Istzustand* des *SFMS Digital Teamboard* als auch die Systemumgebung in Form der schlanken Produktion und des Shopfloor Managements im Allgemeinen vorgestellt. Zusätzlich wird die Zielgruppe des Systems definiert. Anschließend wird das System *funktional und baulich modularisiert* und die *Anforderungsadaption standardisiert.* Dies bildet die methodische Basis für die *Bereitstellung* des *Konfigurators* in der Implementierungsphase.

Der Zusammenhang der Framework-Phasen und der Phasen des menschzentrierten Gestaltungsansatzes wird in Abbildung 6 nochmals zusammenfassend dargestellt:

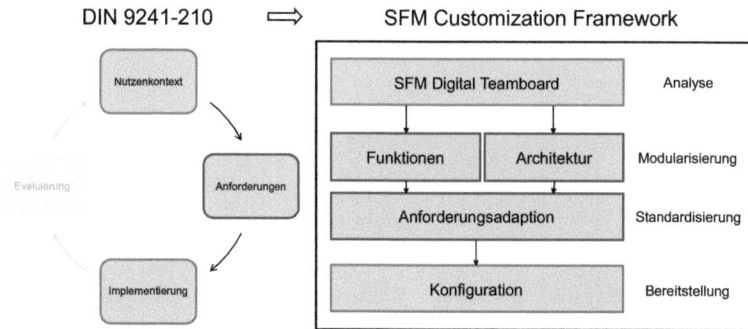

Abbildung 6: Zusammenhang zwischen DIN 9241-210 und dem SFM Customization Framework

4 Nutzenkontext

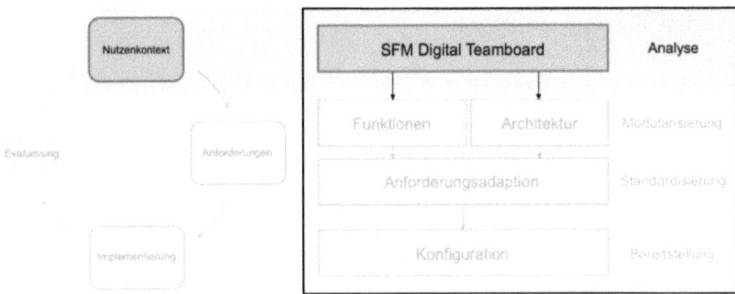

Abbildung 7: Framework-Module der Nutzenkontext Phase

In diesem Kapitel wird die Nutzenkontextphase des menschzentrierten Gestaltungsmodells behandelt. In dem im Kapitel 3 hergeleiteten Framework umfasst diese Phase die Analyse des SFMS Digital Teamboards (siehe Abbildung 7). Diese Analyse beschäftigt sich mit den Nutzern, der Umgebung und den Aufgaben des Gesamtsystems.

In Kapitel 4.1 wird das Shopfloor Management als Systemumgebung eingeführt und vorgestellt. Anschließend werden in Kapitel 4.2 Nutzerausprägungen mittels der Persona Methode als Zielgruppe definiert. Abschließend wird in Kapitel 4.3 das SFMS Digital Teamboard als funktionaler Anwendungskern des Systems vorgestellt und Besonderheiten aufgezeigt.

4.1 Systemumgebung

Das Digital Teamboard ist eine Softwarelösung für das Shopfloor Management. Der Begriff Shopfloor (auf deutsch Hallenboden) umschreibt hierbei den Ort der Wertschöpfung innerhalb eines Unternehmens. Der Shopfloor Management Ansatz entspringt dem Leitgedanken der „schlanken Produktion".

4.1.1 Schlanke Produktion

Der Ursprung der „schlanken Produktion" (engl. „Lean Production") lässt sich auf den japanischen Automobilhersteller Toyota zurückführen[39]. Unter dem Begriff versteht man den „sparsamen bzw. zielgerichteten Einsatz von Ressourcen, wie z. B. Material, Zeit und Fläche. Der effiziente Einsatz von Ressourcen sollte das Ziel

---

[39] Vgl. Jansen (1993), S. 4.

jedes Unternehmens sein"[40]. Der Begriff „Lean Production" im Speziellen ist dem Massachusetts Institute of Technology (MIT) zuzuordnen. Dieser wurde in einer Studie beim Vergleich amerikanischer und japanischer Automobilindustrie eingeführt. Zudem wurde aufgezeigt, was die relevanten Faktoren der japanischen schlanken Produktion sind und wie sich dadurch ihr Erfolg erklären lässt[41]. „Lean vereint Methoden, um Prozesse zu optimieren bzw. zu verbessern. Lean-Prinzipien fassen passende Methoden dafür zusammen."[42]

Eine dieser Methoden ist Kaizen, mit dem Ansatz der stetigen „Veränderung zum Besseren"[43]. Dabei handelt es sich um einen einfachen wie effektiven Ansatz, um Produkte oder Prozesse in kleinen Schritten ohne kostenintensive disruptive Maßnahmen verbessern zu können[44]. Zudem können alle Beschäftigte, egal welcher Schicht der Unternehmenshierarchie sie angehören, ständig einen Beitrag zur Verbesserung der Geschäftsabläufe und Wertschöpfung leisten[45].

Dieser Grundgedanke des Lean Managements als „Strategie und Kultur eines Unternehmens"[46] umgesetzt kann deshalb enorm von der vertikalen und horizontalen Datenintegration aus dem Industrie 4.0 Ansatz profitieren (siehe Kapitel 0).

4.1.2 Shopfloor Management

Beim Shopfloor Management geht es um die Führung und die Organisation am Ort der Wertschöpfung. Weitere Schwerpunkte liegen auf der Teamorganisation und -kommunikation, der Visualisierung von Prozesskennzahlen, Maßnahmen und Problemlösungsmethoden. Damit unterstützt SFM das Prinzip von Kaizen. Durch die strukturierten Problemlösungsansätze werden Problemursachen erkannt und nachhaltig abgestellt[47].

---

[40] Bertagnolli (2018), S. 13.
[41] Vgl. Jansen (1993), S. 11.
[42] Bertagnolli (2018), S. 21.
[43] Übersetzung des Wortes Kaizen ins Deutsche.
[44] Vgl. hierzu Brunner (2008), S. 37.
[45] Vgl. Brunner (2017), S. 14.
[46] Bertagnolli (2018), S. 13.
[47] Vgl edb, S. 15.

Dabei liegt ein Fokus auf dem Selbstmanagement der untersten Hierarchieebene. Dies bedeutet, dass alle Mitarbeiter in die kontinuierlichen Verbesserungsprozesse mit eingebunden werden[48].

4.2 Zielgruppe

Das Ziel dieser Arbeit ist der Entwurf eines Customization Frameworks, um möglichst viele Kunden ansprechen zu können. Somit ist kein konkreter Kunde identifizierbar und es ist dadurch nicht möglich eine konkrete Zielgruppe zu definieren.

Stattdessen kann die Persona Methode herangezogen werden, um verschiedene Kundenausprägungen abzubilden[49]. Ziel dieser Methode ist es möglichst kompakt verschiedene Nutzergruppen anhand mehrerer Kerneigenschaften zu definieren und in sehr kompakten User Stories veranschaulichen zu können. Bei den Bestandteilen einer Persona handelt es sich um[50]:

- Biographie
- Verhalten
- Ziele und Bedürfnisse
- Pain Points

In den folgenden Abschnitten werden drei Proto-Persona Szenarien eingeführt, die drei stereotype Unternehmenskunden abbilden. Proto-Persona Szenarien zeichnen sich dadurch aus, dass sie ad hoc in kurzen Sessions von mehreren Stakeholdern ohne weitreichende wissenschaftliche Recherche hergeleitet werden können[51].

---

[48] Vgl. Brunner (2017), S. 5.
[49] Vgl. Pröbster et al. (2017) S. 1.
[50] Vgl. von Gizycki; Elias (2018), S.178.
[51] Vgl. Steimle; Wallach (2015), S.35.

4.2.1 Persona 1: Feinwerkmechanik Klein GmbH

Die Persona-Definition der Feinwerkmechanik Klein GmbH (i.F. Klein GmbH) lautet:

Biographie: Die Klein GmbH ist ein klassisches kleines Maschinenbaugewerbe mit Fokus auf Einzelteil- und Kleinchargenfertigung. Die Mitarbeiterzahl liegt seit langer Zeit konstant bei ca. 50. Sie besitzt einen Standort.

Verhalten: So gut wie alle organisatorischen Abläufe werden bei der Klein GmbH analog durchgeführt und dokumentiert. Der Automationsgrad der Fertigung ist sehr gering.

Ziele und Bedürfnisse: Die Klein GmbH sucht den Erstkontakt mit dem Thema Digitalisierung. Anstoß hierfür war der Wunsch mehrerer Mitarbeiter ihre Schichtplanung digital per App durchführen zu können.

Pain Points: Die Klein GmbH besitzt kein Know-how bezüglich Digitalisierung als auch Shopfloor Management Methodiken. Auch besitzt sie keine IT-Infrastruktur im Produktionsbereich.

4.2.2 Persona 2: Kaiser Metallverarbeitung Ulm GmbH

Die Persona-Definition der Kaiser Metallverarbeitung Ulm GmbH (i.F. KMU GmbH) lautet:

Biographie: Die KMU GmbH ist ein klassisches mittelständiges Maschinenbauunternehmen und ist der Automotive Zulieferbranche zuzuordnen. Die Mitarbeiterzahl liegt bei ca. 1000. Aktuell gibt es einen Standort. Es gibt jedoch Bestrebungen binnen der nächsten 10 Jahre die Mitarbeiterzahl zu erhöhen und einen zweiten Fertigungsstandort zu eröffnen.

Verhalten: Die organisatorischen Abläufe werden bei der KMU GmbH größtenteils digital durchgeführt. Die Fertigung setzt sich zusammen aus teilweise automatisierten Abläufen als auch aus manuell durchgeführten Prozessschritten. Lean Management Ansätze werden im Unternehmen teilweise angewendet, sie reichen aber meist nicht bis auf Shopfloor-Ebene.

Ziele und Bedürfnisse: Die Anschaffung von neuen Maschinen für eine weitere Fertigungslinie bietet der KMU GmbH zum ersten Mal die Möglichkeit der Datenintegration aus der Prozessebene. Hierfür strebt sie ein Proof of Concept (PoC) für eine digitale Shopfloor Management Integration an.

Pain Points: Die KMU GmbH hat Bedenken sich bereits während einer PoC-Phase einer Cloudanbindung zu öffnen. Bei einem erfolgreichen PoC sollte anschließend jedoch die Flexibilität gegeben sein etwaige Systemanpassungen möglichst nahtlos durchführen zu können.

4.2.3 Persona 3: Groß Getriebe AG

Die Persona-Definition der Groß Getriebe AG (i.F. Groß AG) lautet:

Biographie: Die Groß AG ist ein großer Technologiekonzern mit 15 Fertigungsstandorten mit mehr als 15.000 Mitarbeitern. Auch durch mehrere Übernahmen ist der Konzern in den letzten 15 Jahren stark gewachsen.

Verhalten: Seit drei Jahren verfolgt die Groß AG eine konzernweite Digitalisierungsstrategie, die mit externen Partnern aber auch intern durch spezialisierte Abteilungen umgesetzt wird. Durch sie sind bereits Lösungen hinsichtlich IT-Infrastruktur und Softwarelösungen mit einem hohen Datenintegrationsgrad umgesetzt worden.

Ziele und Bedürfnisse: Die Groß AG möchte ihre bestehenden digitalen Systeme um ein Shopfloor Management System erweitern. Zu Beginn soll es in einem einzigen Geschäftsbereich eingesetzt werden. Die Option eines späteren konzernweiten Einsatzes muss gegeben sein.

Pain Points: Die Kompatibilität zu den bestehenden Systemen bezüglich Datenintegration als auch Infrastruktur ist von höchster Wichtigkeit. Zudem muss für einen konzernweiten Einsatz die Möglichkeit der Systemskalierung gegeben sein.

4.2.4 Übersicht Persona

In Tabelle 2 sind die drei Persona nochmals zusammengefasst und gegenübergestellt.

Tabelle 2: Übersicht Persona

	Klein GmbH	KMU GmbH	Groß AG
Biographie	Kleinunternehmen	Mittelständler	Konzern
Standorte	1	1	15
Mitarbeiterzahl	50	1000	15.000
Wachstum	nein	ja	stark
Datenintegration	nein	gering	hoch

	Klein GmbH	**KMU GmbH**	**Groß AG**
Verhalten	Analog	Automatisiert	Digital
Motivation	Schichtenplanung	PoC Digitales SFM	Digitalisierungsstrategie
Pain Points	Infrastruktur Know-how	Cloudanbindung Flexibilität	Integration in bestehende Systeme, Skalierbarkeit

4.3 SFMS Digital Teamboard

Die im Jahr 2018 gegründete Shopfloor Management Systems GmbH ist ein junges Unternehmen, das sich auf Beratung, Training und Coaching in den Bereichen Shopfloor Management und Digitalisierung spezialisiert hat. Das Unternehmen hat seine Wurzeln am Institut für Produktionsmanagement, Technologie und Werkzeugmaschinen[52] (i.F. PTW) und der Prozesslernfabrik CiP[53] der Technischen Universität Darmstadt.

Ihr Portfolio wird durch das Digitale Teamboard ergänzt. Hierbei handelt es sich um eine digitale Shopfloor Management Lösung. Entwickelt wurde es in seiner ersten Version an der CiP in Zusammenarbeit mit der in-integrierte Informationssysteme GmbH[54] (i.F. in-GmbH).

Im Folgenden wird der methodische Ansatz und die aktuelle Systemarchitektur des DTB vorgestellt. Auf den Funktionsumfang wird im Detail in Kapitel 5.1.1 bei der funktionalen Modularisierung des DTB eingegangen.

4.3.1 Methodischer Ansatz

Methodische Grundlage bildet der am PTW entwickelte digitale Shopfloor Management Ansatz[55], der auf digitale Datenintegration, datengetriebene Problemlösung und rollengetriebene Maßnahmenverfolgung aufbaut. Dies wird mit dem Digital Teamboard unter dem Motto „Digitales Shopfloor Management zur Gestaltung der vernetzten Produktion von Morgen" umgesetzt und umfasst folgende grundlegenden Bausteine:

---

[52] Weiterführende Informationen zum PTW unter www.ptw.tu-darmstadt.de.
[53] Weiterführende Informationen zur Prozesslernfabrik CiP unter www.prozesslernfabrik.de.
[54] Weiterführende Informationen zur in-GmbH unter www.in-gmbh.de.
[55] Hergeleitet in Hertle (2017).

Teamverwaltung

Einzelne Teams können sich selbst organisieren, in dem Ihnen Tools wie z.B. News- und Diskussionsthemenverwaltung, Qualifikationsmanagement und ein Schichtenplaner zur Seite gestellt werden. Bei diesen Tools liegt der Fokus auf der proaktiven Selbstverwaltung der einzelnen Teams.

Rollengetriebene Maßnahmenverfolgung

Das DTB stellt eine intuitive Maßnahmenverwaltung zur Verfügung, die es ermöglicht schnell und effektiv Fehlerbeseitigung im Sinne des Kaizen Ansatzes voranzutreiben. Zusätzlich ist ein maßnahmenbezogenes Eskalationsmanagement integriert.

Datengetriebene Problemlösung

Die Problemlösungsmethodik des DTB legt seinen Fokus auf den individualisierbaren, methodenorientierten digitalen Problemlösungsprozess, der auf dem Toyota-A3 Problemlösungskonzept basiert. Dieses Konzept ermöglicht die Dokumentation eines Problemlösungsberichts, der die Problemlösungsdefinition, Analyse sowie die Ergebnisse und die zukünftigen Schritte umfasst[56].

Leistungsdialog

Das DTB bietet die Möglichkeit teamspezifische Kennzahlen anzulegen und zu verwalten. Der Leistungsdialog bildet hierfür eine Übersicht aller für das Team relevanten KPI, was die Ableitung von Maßnahmen erleichtert. Dieser kann in einer Dashboard-Ansicht auch direkt auf dem Shopfloor auf Shopfloor-Boards dargestellt werden.

Digitale Datenintegration

Durch die verwendete Industrial IoT-Plattform sphinx open online (i.F. SOO) der in-GmbH ist die Datenintegration aus und in andere bereits bestehende IT-Systeme möglich. Das Erfassen und Dokumentieren von Kennzahlen kann somit digitalisiert und automatisiert werden.

---

[56] Vgl. hierzu Brunner (2008), S. 117.

Individualisierbarkeit

Dem Kunden ist es möglich das DTB sowohl methodisch hinsichtlich Sprache und verwendeter Terminologie als auch optisch bezüglich des Erscheinungsbildes der Nutzeroberfläche anzupassen.

Plattformunabhängige Verfügbarkeit

Das Digital Teamboard ist als Web-Applikation konzipiert. Durch die Implementierung mittels des Webframeworks Angular kann somit eine Plattformunabhängigkeit und Endgeräteunabhängigkeit realisiert werden. Dies ermöglicht den Zugriff auf die Nutzeroberfläche[57] klassisch mittels eines Computers, aber auch durch mobile Endgeräte wie Smartphones und Tablets. Zusätzlich ist die Oberfläche für hochauflösende Shopfloor-Boards mit Touchscreen-Funktion optimiert. Somit ist der komfortable Zugriff auf das System für alle Anwenderszenarien vor Ort als auch unterwegs möglich.

4.3.2 Systemarchitektur

In diesem Kapitel wird die aus Frontend und Backend bestehende Ausgangsarchitektur des DTB-Systems (siehe Abbildung 8), sowie das aktuelle Vorgehen bei der Bereitstellung der Software, vorgestellt.

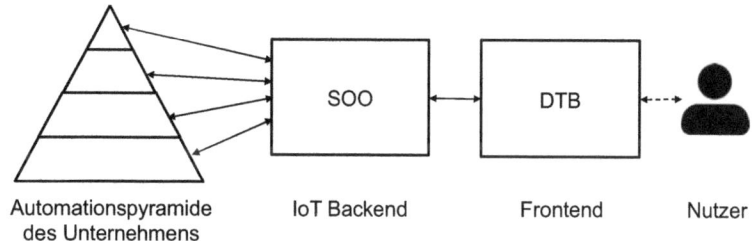

Abbildung 8: Übersicht der allgemeinen DTB Systemarchitektur für eine Teaminstanz

---

[57] Screenshots der Nutzeroberfläche sind Im Anhang A.2 bis A.4 zu finden.

4.3.2.1 Backend

Mit SOO kommt ein Industrial IoT-Server als Backend des DTB zum Einsatz. Die Architektur folgt damit dem Leitgedanken der Industrie 4.0 mit dem methodischen Ansatz der vertikalen und horizontalen Datenintegration (siehe Kapitel 0) sowie dem IoT Technologieansatz (siehe Kapitel 0).

Bei den Kernfunktionen des Backends handelt es sich einerseits um die Bereitstellung und Speicherung von Daten aus dem DTB und andererseits um die Datenintegration aller Ebenen der Automationspyramide des jeweiligen Unternehmens.

4.3.2.2 Frontend

Das Frontend bildet mit seiner Nutzeroberfläche die Schnittstelle zur Bedienung durch den Anwender. Es besitzt nur eine standardisierte Schnittstelle, die es mit dem SOO Backend mittels einer API[58] verbindet. Diese Schnittstelle wird genutzt, um Eingabedaten des Nutzers zu speichern und angeforderte Daten abzurufen. Zudem greift es auf die Nutzerverwaltung von SOO zurück.

4.3.2.3 Bereitstellung

Ausgangssituation ist, dass für jedes Teamboard jeweils eine Instanz aus SOO Backend und DTB Frontend bereitgestellt werden. Hierbei werden die plattformunabhängigen Instanzen softwareseitig in die lokale IT-Infrastruktur des Unternehmens eingebettet. Plattformunabhängig, da SOO Java-basiert ist und das DTB mit dem Angular-Framework[59] implementiert wurde. Somit ist eine Einbettung in die gängigen Server-Betriebssysteme möglich[60]. Des Weiteren müssen alle benötigten Schnittstellen der in das Teamboard einzubindenden Systeme individuell eingerichtet werden.

---

[58] Es handelt sich um eine REST-API mit Einsatz der JSON Web Token Technologie. Weiterführende Information in Jones et al. (2015)
[59] Dieses basiert auf JavaScript.
[60] Zusätzlich sind Frontend als auch Backend als Containerinstanzen verfügbar.

Die gängigsten Schnittstellen sind hierbei z.B.[61]:

Allgemeine IT-Ebene: MySQL, CSV, APIs

Unternehmensebene: Excel, SharePoint, div. ERP-Systeme

Prozessebene: OPC UA, div. MES-Systeme

Eingebunden werden hierbei hauptsächlich Schnittstellen zur Nutzerverwaltung und zur Datenintegration von Prozesskennzahlen.

Der initiale Bereitstellungsaufwand ergibt sich größtenteils aus der vorhandenen Infrastruktur sowie durch die Anzahl und Art der einzubindenden Schnittstellen.

---

[61] Informationen zu weiteren Integrationsmöglichkeiten unter www.sphinx-open.de/industrie-4-0

5 Anforderungsermittlung

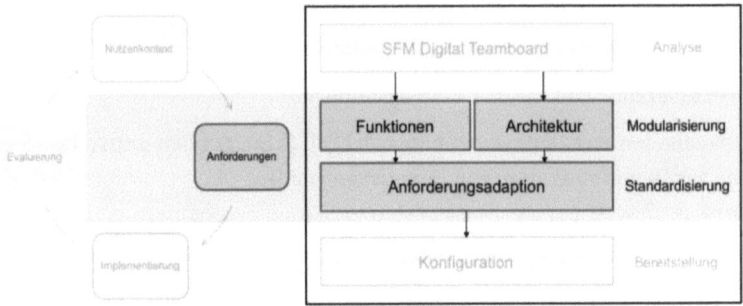

Abbildung 9: Framework-Module der Anforderungsermittlung

Die Anforderungsermittlung des menschzentrierten Gestaltungsansatzes ist im Customization Framework in die Phasen Modularisierung (Kapitel 5.1) und Standardisierung (Kapitel 5.2) unterteilt.

Hierbei wird in der ersten Phase das DTB funktional (Kapitel 5.1.1) und anschließend hinsichtlich der Architektur (Kapitel 5.1.2) modularisiert.

Folgend wird auf Basis der Modularisierung eine standardisierte Anforderungsadaption in Kapitel 5.2 eingeführt.

5.1 Modularisierung

Ziel der Modularisierung ist die „funktionale Zerlegung und damit ... eine verbesserte Konfigurierbarkeit des Produktes"[62]. Dies wird erzielt durch eine „klare Trennung von unveränderlichen und variablen Produktbereichen"[63] sowie durch „Bildung von funktionalen und logischen Einheiten"[64]. Der Ansatz der Modularisierung bildet außerdem die Grundlage für die Baukasten- oder Plattformbauweise[65]. „Bei der Plattformbauweise erfolgt die Variantenbildung durch Aufsetzen von variablen Modulen ... auf einer vereinheitlichten Trägerstruktur"[66].

---

[62] Lindemann et al. (2006), S. 44.
[63] Ebd., S.44.
[64] Ebd., S.44.
[65] Vgl ebd., S.43.
[66] Ebd., S.44.

Beim Baukastenprinzip werden Varianten „durch Kombination von Bausteinen unterschiedlicher Funktion und Gestalt mit einheitlichen Schnittstellen"[67] gebildet. Zudem werden „strukturelle Zusammenhänge (z. B. baulicher oder funktionaler Art) betrachtet und optimiert"[68].

Ziel der Unterkapitel 5.1.1 und 5.1.2 ist es daher diese strukturellen Zusammenhänge bezüglich Funktionsumfang und Architektur des DTB herzuleiten und darzustellen.

5.1.1 Funktionale Modularität: Funktionsumfang

Bei der Modularisierung von Produkten kann man die Funktionen allgemein in verschiedene Individualisierungsstufen unterteilen. Zusammen in all ihren Ausprägungen und Varianten ergibt sich aus ihnen der Lösungsraum bzw. das mögliche Produktspektrum[69]. Die allgemeinen Bestandteile dieses Lösungsraums sind in Abbildung 10 aufgezeigt.

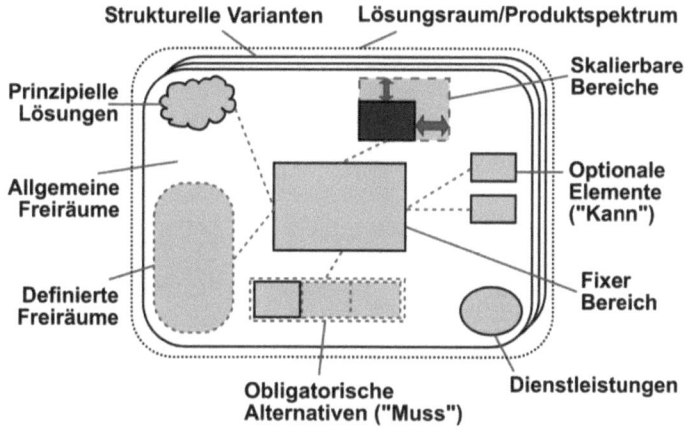

Abbildung 10: Modell der Produktstruktur mit verschiedenen Individualisierungsstufen[70]

---

[67] Ebd., S.44.
[68] Ebd., S. 45.
[69] Vgl. Ebd., S. 46.
[70] Abbildung entnommen aus ebd., S. 46.

Software-Produkte haben gegenüber physischen Produkten den Vorteil, dass sie eine Grundfunktionalität der Individualisierbarkeit während des Betriebs als auch eine unkomplizierte Erweiterbarkeit und Einbindung von individuell für den Kunden entwickelten Erweiterungen ermöglichen. Im Gegensatz zu physischen Produkten ist dies auch meist ohne größeren Aufwand nachträglich möglich, sofern es ab Beginn der Entwicklung als Gestaltungsprinzip berücksichtigt wird[71]. In dem Individualisierungsstufenmodell schließt dies die Bereiche *Prinzipielle Lösungen*, *Allgemeine Freiräume* (frei gestaltbare Anpassungsmöglichkeiten wie z.B. Anpassung von Fachtermini oder Einbindung eines individuellen Logos), *definierte Freiräume* (fest definierte Anpassungsmöglichkeiten wie z.b. Parameter der Oberflächengestaltung), *skalierbare Bereiche* (z.b. Systemleistungsparameter, Teamanzahl) und zusätzliche *Dienstleistungen* (z.b. Schulungen) mit ein.

Im Kontext dieser Arbeit wird ein Fokus auf die Einteilung in einen *fixen* und *variablen Bereich* gelegt, da dieser die Grundlage für ein Baukastensystem und damit auch einer modularen Preisgestaltung bilden kann.

5.1.1.1 Fixer Bereich

Der fixe Bereich schließt alle grundlegenden unveränderlichen Systemfunktionen ein, die für einen Minimalbetrieb unabdingbar sind. Im Falle des DTB handelt es sich hierbei um die DTB Frontend-Kernsoftware, das SOO Backend und um die Schnittstelle zwischen ihnen. Zusätzlich schließt der fixe Bereich die DTB-Basisfunktionen Nutzerverwaltung, Einstellungen und Dashboards mit ein.

5.1.1.2 Nutzerverwaltung

Wie bereits im Namen ersichtlich, bilden Teams den Kern des Digital Teamboards. Die Verwaltung dieser umfasst das Erstellen und Bearbeiten von Teams, die Nutzerregistrierung und Profilverwaltung sowie die Zuordnung von Nutzern zu Teams.

Die Nutzerverwaltung und die damit einhergehende Zugriffsrechteverwaltung sind für die meisten Funktionsmodule des DTB verpflichtend, da sie mit einzelnen Nutzern und/oder ganzen Teams verknüpft werden. Die Nutzerverwaltung kann hierbei autark umgesetzt oder in bestehende Nutzerverwaltungssysteme des Unternehmens integriert werden.

---

[71] Siehe Gestaltungsrichtlinien des menschzentrierten Ansatzes in Kapitel 3.2.3.

5.1.1.3 Basiseinstellungen

Die Basiseinstellungen umfassen grundlegende Anpassungsmöglichkeiten innerhalb *definierter Freiräume* des DTB. Dies schließt optische Anpassungen hinsichtlich des Erscheinungsbildes wie z.B. Farbwahl als auch Individualisierungsmöglichkeiten der verwendeten Fachtermini ein. Zusätzlich kann hierbei zwischen mehreren Sprachen separiert werden.

5.1.1.4 Dashboard

Dashboards sind Oberflächen, die das Ziel haben, Informationen und Tools möglichst kompakt im Stile einer Leitzentrale bereitzustellen. Ein DTB Dashboard kann z.B. die gängige Oberfläche sein, die standardmäßig auf Shopfloor-Boards visualisiert wird und wichtige Informationen und Tools für das Team vor Ort zusammenfasst. Auf einem Dashboard können u.a. News und KPIs platziert werden.

5.1.1.5 Variable Bereiche

Der Variable Bereich setzt sich aus obligatorischen und optionalen Elementen zusammen.

Mittels *optionaler Elemente* kann der Funktionsumfang des DTB erweitert werden. Es handelt sich hierbei um vordefinierte Wahlmöglichkeiten, die den fixen Kern variabel ergänzen[72]. Zu beachten ist, dass sich zwischen optionalen Elementen funktionale Abhängigkeiten ergeben können[73]. Obligatorische Varianten sind fixer Bestandteil des Systems, sie sind aber in verschieden Varianten verfügbar.

5.1.1.6 News

Es können Neuigkeiten als auch Diskussionsthemen für Teams angelegt werden. Visualisiert werden die aktuellen Beiträge auf dem Dashboard.

5.1.1.7 Maßnahmen

Mit Maßnahmen können Aufgaben für die Teams und ihre Mitglieder erstellt werden. Sie besitzen zudem ein Eskalationsmanagement mit mehreren Eskalationsstufen. Maßnahmen können autark erstellt oder im Kontext der Problemlösung methodisch hergeleitet werden.

---

[72] Vgl. hierzu Lindemann et al. (2006), S. 47.
[73] Diese werden näher in Kapitel 5.1.1.13 erläutert.

5.1.1.8 Problemlösung

Dieses Element stellt das Toyota-A3 Problemlösungskonzept als Methodik für das DTB zur Verfügung. Da es auch Maßnahmen in diesen Prozess einbindet, bedingt es den Einsatz des Maßnahmen Moduls.

5.1.1.9 KPI

Mit diesem Modul können Leistungskennzahlen für die Teams angelegt und angezeigt werden. Hierbei gibt es eine Übersicht als auch Detailansichten mit Werteverläufen der jeweiligen Kennzahlen. Die Darstellung von Übersichten als auch der Detailansicht ist anpassbar. Die Kennzahlen können händisch eingepflegt werden. Es besteht jedoch auch die Möglichkeit diese mittels Schnittstellen, z.B. aus einem Prozessleitsystem, zu beziehen.

5.1.1.10 Leistungsdialog

Das DTB bietet die Möglichkeit teamspezifische Kennzahlen anzulegen und zu verwalten. Der Leistungsdialog bildet hierfür eine Übersicht aller für das Team relevanten KPIs, was die Ableitung von Maßnahmen erleichtert. Dadurch bedingt der Einsatz des Leistungsdialogs auch einen Einsatz der optionalen Elemente KPI und Maßnahmen.

5.1.1.11 Qualifikationsmanagement

Mit dem Qualifikationsmanagement können Qualifikationen von Mitarbeitern in das DTB eingepflegt und dokumentiert werden. Diese Informationen sind individuell bei den einzelnen Nutzern ersichtlich, können aber auch als Übersicht in einer Qualifikationsmatrix dargestellt werden.

5.1.1.12 Schichtenplaner

Mit dem Schichtenplaner können Teams hinsichtlich Maschinenbelegung, Schichtplanung und Abwesenheitsverwaltung organisiert werden.

5.1.1.13 Funktionale Abhängigkeiten

Bei der Klassifizierung der fixen und optionalen Elemente wurde bereits ersichtlich, dass teilweise funktionale Abhängigkeiten zwischen den Modulen bestehen. Zur Analyse und Veranschaulichung solcher funktionalen Relationen bietet sich der Einsatz von Design Structure Matrices[74] (DSM) an, bei denen die Produktmodule in einer Einflussmatrix spalten- und zeilenweise aufgetragen werden. Besteht ein Einfluss eines Elements auf ein anderes, wird der Schnittpunkt in der Matrix markiert[75].

Mittels dieser Analysemethode können Informationen gewonnen werden, die z.B. für eine Konfigurationsvaliditätsprüfung relevant sind. Des Weiteren können die Ergebnisse genutzt werden, um den Nutzer bei den Systemkonfigurationen durch automatische Auswahl verknüpfter Module zu unterstützen. Für die fixen Basismodule sowie die optionalen Elemente des DTB ergibt sich mit dieser Methode die in Tabelle 3 ersichtliche DSM:

Tabelle 3: Binäre Design Structure Matrix der DTB Module

	Nutzerverwaltung*	Basiseinstellungen*	Dashboard*	News	Maßnahmen	Problemlösung	KPI	Leistungsdialog	Qualifikationsm.	Schichtenplaner	Schnittstellen
Nutzerverwaltung*	■	x		x	x	x	x	x	x	x	x
Basiseinstellungen*		■									
Dashboard*			■	x			x				
News				■							
Maßnahmen					■			x	x		
Problemlösung						■			x		
KPI							■		x		
Leistungsdialog								■			
Qualifikationsmanagement									■		
Schichtenplaner										■	
Schnittstellen	(x)						(x)				■

*Basisfunktionen   (x) = optional

---

[74] Im deutschen auch als Einflussmatrizen bezeichnet.
[75] Vgl. Lindemann et al. (2006), S. 50. Weiterführende Informationen zur Methodik ebd., S. 50-61.

Grün markiert sind dabei mögliche Schnittpunkte, die Abhängigkeiten zu Basisfunktionen des DTB darstellen. Da diese als fixe Elemente des Produkts gegeben sind, entstehen hier keine Einschränkungen und kritische Abhängigkeiten beim Einsatz der verknüpften variablen Bereiche.

Im aktuellen Funktionsumfang ergeben sich lediglich bei den optionalen Modulen der Problemlösung und des Leistungsdialogs relevante Abhängigkeiten. So benötigt die Problemlösung auch das Maßnahmenmodul. Der Leistungsdialog baut auf KPI, Problemlösung und Maßnahmen auf. Dies muss bei einer Systemkonfiguration berücksichtigt und überprüft werden.

Gelb markiert ist der Sonderfall von Schnittstellen zur Datenintegration. Diese Funktion ist bei den Modulen Nutzerverwaltung und KPI optional und wird somit nur relevant, wenn die jeweilige Modulvariante inklusive Datenintegration ausgewählt wurde.

5.1.2 Bauliche Modularität: Architekturvarianten

Die bauliche Modularität des DTB spiegelt sich hauptsächlich in der Systemarchitektur und deren Varianten wider. In Kapitel 5.1.2.1 werden auf Basis der in Kapitel 4.3.2 vorgestellten Ausgangsarchitektur drei Architekturvarianten definiert. Abschließend werden in Kapitel 5.1.2.2 Systemeigenschaften eingeführt und damit die Unterschiede der verschiedenen Varianten aufgezeigt.

5.1.2.1 Variantendefinition

Zur Herleitung der verschiedenen Architekturvarianten wird das NIST Fog Model[76] als Ausgangspunkt gewählt. Der Fog Computing Ansatz bietet sich hierfür an, da er die Cloud Computing Paradigmen (siehe Kapitel 2.3) um ein Schichtenmodell erweitert, dass der typischen Struktur von industriellen IoT Systemen Rechnung trägt[77]. Grundsätzlich unterteilt der Ansatz die Infrastruktur in die drei Schichten Cloud, Fog und Edge.

Fog ist hierbei eine sinnbildliche Umschreibung einer Cloud (dt. Wolke), die sich der Edge (dt. Oberfläche) nähert, und zu einer Fog (dt. Nebel) wird. In dieser Fog ergeben sich Knotenpunkte (sogenannte Fog Nodes). Diese können der Edge-

---

[76] Definiert in Iorga et al. (2018)
[77] Vgl. Akhija; Smita (2015), S.98.

Schicht lokale Ressourcen[78] bereitstellen und zudem als standardisierte Schnittstellen zu zentralisierten Cloud-Services dienen[79]. Dadurch unterscheidet sich der Fog vom klassischen Cloud Computing Ansatz vor allem in der möglichen *geographisch abgestuften Distribution*, seiner *heterogenen Struktur*, seinem Fokus auf *niedrige Latenzen* und *Echtzeitverarbeitung* sowie dem Einsatz von physischen *Fog Clustern*[80]. Diese Eigenschaften machen den Fog Layer extrem interessant als Einsatzort für IoT-Anwendungen, da diese von der lokalen Anbindung und den daraus resultierenden Vorteilen bezüglich *Latenz, Echtzeitfähigkeit, Bandbreitenauslastung und Schnittstellensicherheit* profitieren können[81]. In Zukunft wird die Relevanz dieses Ansatzes noch weiter steigen, da durch die voranschreitende industrielle Digitalisierung neue Technologien, wie z.B. der 5G-Standard, von diesem Distributionsmodell stark profitieren können[82]. Auf Basis des vorgestellten Schichtenmodells ergeben sich die in Abbildung 11 gezeigten drei möglichen Architekturvarianten:

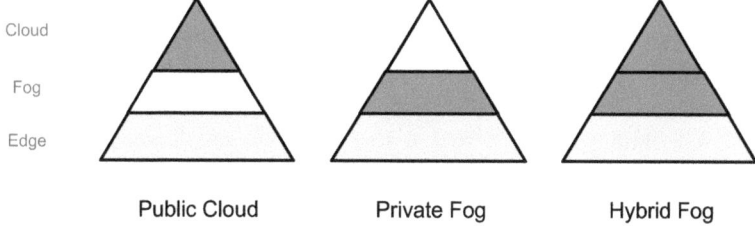

Abbildung 11: Architekturvarianten

Bei der *Public Cloud* werden die DTB-Nutzeroberfläche als auch der SOO IoT-Server zentral in der Cloud bereitgestellt. Bei der Private Fog werden hingegen beide Plattformen in der Fog-Ebene des Kunden bereitgestellt. Bei der dritten Lösung handelt es sich um den klassischen Fog Computing Ansatz, der ein Hybrid aus Variante 1 und 2 ist. Hierbei befinden sich die SOO IoT-Server in der Fog-Umgebung des Kunden und verbinden sich mit einer zentralisierten DTB-Nutzeroberfläche in der Cloud. Weitere Informationen zu den Eigenschaften der verschiedenen Architekturvarianten finden sich in den folgenden Kapiteln 5.1.2.3 bis 5.1.2.5.

---

[78] Z.B. Datenspeicherung, Datenverarbeitung.
[79] Vgl. Iorga et al. (2018), S. 2.
[80] Vgl. Ebd., S. 3.
[81] Vgl. Chiang; Zhang (2016), S. 859.
[82] Vgl. Markakis et al. (2017), S. 219.

5.1.2.2 Architektureigenschaften

Um die vorgestellten Architekturvarianten miteinander vergleichen zu können, ist es zuerst notwendig mehrere Eigenschaften einzuführen, um die Charakteristika der einzelnen Varianten beschreiben und miteinander vergleichen zu können. Aus dem Austausch mit Kunden ergaben sich für die SFMS folgende Kerneigenschaften, die für die Auswahl einer Variante von Relevanz sind:

Skalierbarkeit: Skalierbarkeit kann in vielen Dimensionen von Wichtigkeit sein. Beispiele hierfür sind z.B. Team- und Standortanzahl und weitere ressourcenabhängige Anpassungen. Skalierbarkeit ist somit vor allem für Unternehmen relevant, die stark wachsen oder eine schrittweise Einführung des Systems planen.

Flexibilität: Flexibilität im Hinblick auf den Funktionsumfang, Schnittstelleneinbindung als auch Anpassungen oder Wechsel bei der Architekturwahl.

Geringer Einrichtungsaufwand: Der Einrichtungsaufwand definiert sich über alle nötigen Schritte, bis das System mit den gewählten Funktionen voll einsatzfähig ist. Aufwand wird hierbei vor allem durch die Datenintegration in und aus bestehenden Systemen generiert und durch die Infrastrukturerstbereitstellung und -einrichtung erzeugt.

Geringe laufende Kosten: Die laufenden Kosten setzen sich aus Wartung und Betrieb der Infrastruktur, Wartung der Plattform und Anwendung sowie aus Updates für die Anwendung zusammen. Zusätzlich können weitere Kosten für andere Servicedienstleistungen anfallen.

Echtzeitfähigkeit: Die Echtzeitfähigkeit ist vor allem abhängig von der Latenz und der Bandbreite zwischen den verknüpften Systemen. Vor allem bei Echtzeitprozessdateneinbindung ist dies von hoher Relevanz.

Einbindung eigener Infrastruktur: Die Einbindung eigener Infrastruktur bringt Schnittstellen zwischen dem bestehenden und dem neuen System mit sich. Sie stellt dafür aber auch die Möglichkeit, selbst als Infrastrukturbetreiber involviert zu sein.

Cloudanbindung: Eine Cloudanbindung bietet die Möglichkeit des zentralisierten Zugriffes auf die Anwendung.

In den folgenden Unterkapiteln werden die drei eingeführten Architekturen Public Cloud, Private Fog und Hybrid Fog vorgestellt und Besonderheiten bezüglich der ausgewählten Eigenschaften hervorgehoben.

5.1.2.3 Architektur 1: Public Cloud

Wie bereits bei der Namensgebung ersichtlich, handelt es sich bei dieser Variante um ein klassisches Public Cloud Bereitstellungsmodell, bei dem das Digital Teamboard und der SOO-Server kombiniert als SaaS angeboten werden. In Bezug auf die Attribute Cloudanbindung, Skalierbarkeit, Flexibilität, Einrichtungsaufwand und laufende Kosten schneidet diese Variante cloudtypisch sehr gut ab. Klar im Nachteil ist sie hingegen bei individuellen technischen Anforderungen, da die Einbindung von der und in die Infrastruktur des Kunden mit jeder zum Einsatz kommenden Schnittstelle deutlich wächst.

Diese Architekturvariante bietet sich deshalb in erster Linie Kunden an, die einen methodischen Fokus bei der DTB Nutzung sehen. Durch die Nutzung des zentral zur Verfügung gestellten Digital Teamboards sind ohne Wartungsaufwand immer die aktuellsten Versionen und der neueste Funktionsumfang verfügbar.

Ein weiterer Anwendungsfall könnte ein PoC für einen einzelnen Standort sein, da in diesem Fall die Anzahl der Schnittstellen kein kritisches Maß erreichen wird. Zudem bietet diese Variante einen idealen Ausgangspunkt z.B. für einen konzernweiten Rollout der Hybrid Fog Architektur.

5.1.2.4 Architektur 2: Private Fog

Diese Variante stellt mit der Private Fog als On Premise Lösung den gegenteiligen Ansatz zur zuvor eingeführten Public Cloud dar. Der Kunde muss hierbei auf Fog Ebene die Infrastruktur mit[83] oder ohne[84] Betriebsplattform selbst bereitstellen. Dort werden dann die SOO- als auch die DTB-Instanzen betrieben. Auf diese Weise hat der Kunde völlige Kontrolle über die Rahmenbedingungen und Verwaltung der Infrastruktur. Er trägt allerdings auch den alleinigen Aufwand und die Verantwortung. Der Aufwand hierbei wächst zudem proportional zu den einzubindenden Lokalitäten. Diese Variante eignet sich deshalb vor allem für Kunden, die bereits einen hohen Grad der Digitalisierung erreicht haben und dadurch das Know-how als auch die Ressourcen für den On Premise Betrieb des Produktes ermöglichen. Durch die Kontrolle über jegliche Rahmenbedingungen kann auf diese Weise ein hoher Grad an Integration in das bestehende IT-System

---

[83] In diesem Fall würde es sich um ein Plattform as a Service Modell handeln.
[84] In diesem Fall würde es sich um ein Infrastructure as a Service Modell handeln.

erreicht werden. Diese Systeme können auch noch der klassischen Automationspyramidenstrategie folgen.

Ein weiteres mögliches Einsatzszenario ist ein technisch getriebener PoC, bei dem abgekapselt und autark die Datenintegration zwischen den Systemen von normalen als auch von Echtzeitdaten getestet werden soll. Ein Production Rollout wäre auch hier im Anschluss durch den Umstieg auf die Hybrid Fog möglich.

5.1.2.5 Architektur 3: Hybrid Fog

Diese Architekturvariante bildet eine Kombination aus dem Public Cloud- und dem Private Fog Ansatz. Bei ihr wird eine DTB-Nutzeroberfläche, die zentral als SaaS in der Cloud zur Verfügung gestellt wird, mit einer (oder mehreren) SOO-Instanzen auf Fog-Ebene des Kunden bereitgestellt. Die DTB-Nutzeroberfläche profitiert somit von allen Vorteilen, die bereits bei der Public Cloud Lösung gegeben sind. Durch die Erweiterung auf die Fog-Schicht und den Einsatz von SOO-Instanzen als Fog Nodes profitiert andererseits das Backend von der lokalen Anbindung und Einbindung in die Infrastruktur des Kunden. Im Vergleich zur Public Cloud reduzieren sich zusätzlich die anfallenden Schnittstellen zur Cloudplattform durch die SOO-Knotenpunkte erheblich. Die externen Schnittstellen werden zudem standardisiert, da es nur die Kommunikation zwischen DTB-Nutzeroberfläche und den SOO-Serverinstanzen außerhalb der lokalen Infrastruktur gibt.

Dieses Konzept bietet sich deshalb vor allem für Kunden mit mehreren Standorten an, die selbst in ihrer Infrastruktur und in ihrer Digitalisierungsstrategie bereits einen IoT/Industrie 4.0-Ansatz verfolgen oder verfolgen wollen. Mittelfristig ist dieser Ansatz als der flexibelste anzusehen, da er zudem durch seine Cloudanbindung auch zukunftssicher bezüglich Technologieerweiterungen, wie z.B. dem 5G-Standard, cloudbasiertem Machine Learning oder künstlicher Intelligenz, ist.

5.1.2.6 Übersicht und Vergleich

Die Analyse der Eigenschaften der einzelnen Varianten hat gezeigt, dass jede von Ihnen ihre Stärken und Schwächen hat. Diese sind in Tabelle 4 nochmals qualitativ dargestellt:

Tabelle 4: Qualitative Eigenschaftsmatrix zum Vergleich der Architekturvarianten

	Public Cloud	Hybrid Fog	Private Fog
Cloudanbindung	++	++	--
Skalierbarkeit	++	+	-
Echtzeit	--	++	++
Flexibilität	++	++	o
geringer Einrichtungsaufwand	++	+	-
geringe laufende Kosten	++	+	-
Eigene Infrastruktur	--	+	++

Die Public Cloud Variante bietet sich vor allem für einen günstigen und aufwandsgeringen Einstieg an, sofern keine hohe Anzahl an Schnittstellen, Echtzeitschnittstellen oder eigene Infrastruktur eingebunden werden muss. Die Private Fog hat genau bei diesen beiden Punkten ihre Stärken, ist jedoch mit einem hohen Eigenaufwand des Kunden verbunden. Die Hybrid Fog ist eine Kombination von beiden Ansätzen und kann dadurch von den Vorteilen beider Varianten größtenteils profitieren.

Die Auswahl der passenden Architektur hängt daher von dem jeweils angestrebten funktionalen als auch technischen Nutzenkontext und der Priorisierung der jeweiligen Eigenschaften ab. Diese Verknüpfung von funktionalen und technischen Gegebenheiten sowie der Priorisierung der Systemeigenschaften zu einer standardisierten Anforderungsadaption wird im folgenden Kapitel 5.2 vorgestellt.

5.2 Standardisierung der Anforderungsadaption

Nachdem das DTB-System in Kapitel 5.1 in Bezug auf den funktionalen Umfang als auch bezüglich möglicher Architekturvarianten modularisiert wurde, gilt es nun auf Basis dessen eine standardisierte Anforderungsadaption herzuleiten, die die Funktions- mit der Architektur-auswahl und der Priorisierung von Systemeigenschaften verknüpft. Die Adaption hat hierbei das Ziel, die individuellen Anforderungen und gewünschten Eigenschaften des Produktes durch Produktanpassung optimal abbilden zu können[85]. Die Modularisierung des Funktionsumfangs und die Definition der Architekturvarianten stellen hierfür den Anpassungsspielraum dar.

---

[85] Vgl. hierzu die Definition von Adaption in Lindemann et al. (2006), S. 129.

Zur Umsetzung dieser Anpassungsmöglichkeiten wird in Kapitel 5.2.1 die Funktionsumfangsauswahl und in Kapitel 5.2.2 die Priorisierung von Systemeigenschaften eingeführt.

5.2.1 Adaption des Funktionsumfangs

Als Grundlage für die standardisierte Funktionsumfangsbestimmung können die Ergebnisse aus der Funktionsmodularisierung in Kapitel 5.1.1 herangezogen werden. Die dort hergeleitete Design Structure Matrix in Tabelle 3, die den Funktionsumfang und die Abhängigkeiten zwischen den einzelnen Funktionsmodulen beschreibt, bildet hierfür den Ausgangspunkt.

5.2.1.1 Erweiterungen der Funktionsmatrix

Um das in Tabelle 5 dargestellte Tableau zur Funktionsumfangsadaption aus der Funktionsmatrix abzuleiten, sind drei Modifikationen an der DSM vorzunehmen:

Auswahl von Modulen und Modulvarianten mittels Dummyvariablen

Um die Funktionsauswahl mittels eines Tableaus zu realisieren, wird für jedes Funktionsmodul des fixen als auch des variablen Bereiches eine Dummyvariable d_i eingeführt. Für den fixen Funktionsumfang werden die Dummyvariablen standardmäßig aktiviert ($d_1 = d_2 = d_3 = 1$). Zusätzlich werden die Dummyvariablen v_j eingeführt. Sie dienen zusätzlich zur Aktivierung einer möglichen externen Datenintegration von Modulen, die eine Datenschnittstelle unterstützen. Dies ist aktuell bei der Nutzerverwaltung (v_1) und den KPIs (v_7) möglich.

5.2.1.2 Schnittstellenmultiplikator

Da in Kapitel 5.1.2 bei der Definition der Architektureigenschaften deutlich wurde, dass die Anzahl der zu implementierenden Schnittstellen ein wichtiger Faktor bei der Architekturvariantenwahl ist, gilt es dies zusätzlich in dem Adaptionsprozess zu berücksichtigen. Hierfür wird die Matrix um die Standort- als auch Teamanzahl ergänzt, da mit einem Anstieg dieser Faktoren auch die Anzahl der Schnittstellen proportional wächst[86]. Zusätzlich wird die Möglichkeit gegeben, weitere unabhängige Schnittstellen anzugeben.

---

[86] Hierbei wird zur Vereinfachung angenommen, dass es sich um homogene Standorte und Teams handelt, die jeweils dieselben Konfigurationen und Schnittstellen nutzen.

Damit ergibt sich die Gesamtanzahl der zu implementierenden Schnittstellen n_{IG} in Abhängigkeit der Standortanzahl n_S, Teamanzahl n_T, Anzahl aktivierter Schnittstellen v_j für aktivierte Module d_j und Anzahl zusätzlicher Schnittstellen $n_{I,0}$, wie folgt:

$$n_{IG} = n_{I0} + n_I = n_{I0} + n_S * n_T * \sum_j d_j v_j$$

Tabelle 5: Tableau zur Funktionsumfangsadaption auf Basis der erweiterten Design Structure Matrix[87]

			FUNKTIONAL										NB[88]	
			Nutzerverwaltung	Basiseinstellungen	Dashboard	News	Maßnahmen	Problemlösung	KPI	Leistungsdialog	Qualifikationsm.	Schichtenplaner	Schnittstellen	Anzahl Teams	Anzahl Standorte
			d_1	d_2	d_3	d_4	d_5	d_6	d_7	d_8	d_9	d_{10}	n_I	n_T	n_S
			v_1					v_7					n_{I0}		
FUNKTIONAL	Nutzerverwaltung	r_1		1	0	1	1	1	1	1	1	1	0	0	0
	Basiseinstellungen	r_2	0		0	0	0	0	0	0	0	0	0	0	0
	Dashboard	r_3	0			1	0	0	1	0	0	0	0	0	0
	News	r_4	0	0	0		0	0	0	0	0	0	0	0	0
	Maßnahmen	r_5	0	0	0	0		1	0	1	0	0	0	0	0
	Problemlösung	r_6	0	0	0	0	0		0	1	0	0	0	0	0
	KPI	r_7	0	0	0	0	0	0		1	0	0	0	0	0
	Leistungsdialog	r_8	0	0	0	0	0	0	0		0	0	0	0	0
	Qualifikationsmanagement	r_9	0	0	0	0	0	0	0	0		0	0	0	0
	Schichtenplaner	r_{10}	0	0	0	0	0	0	0	0	0		0	0	0
NB	Schnittstellen	n_{IG}	1*	0	0	0	0	0	1*	0	0	0		1	1
	Anzahl Teams	n_T	0	0	0	0	0	0	0	0	0	0	0		0
	Anzahl Standorte	n_S	0	0	0	0	0	0	0	0	0	0	0	0	

5.2.1.3 Berücksichtigung von funktionalen Abhängigkeiten

Um eine funktionstüchtige Funktionszusammenstellung auf Basis der Dummyvariablen d_i zu erhalten, ist es nötig die funktionalen Abhängigkeiten zwischen den Modulen abzubilden.

Diese funktionalen Abhängigkeiten wurden bereits bei der funktionalen Modularisierung analysiert und in der binären DSM in Tabelle 3 aufgezeigt. Durch

---

[87] Definitionsbereiche: $d_j, v_j \in \{0,1\}$; $n_{I0}, n_T, n_S \in \mathbb{N}$; Wertebereiche: $r_i, n_I, n_{IG} \in \mathbb{N}$.

eine Gewichtung dieser Matrix mit den Dummyvariablen d_i erhält man in der zeilenweisen Summe die Anzahl an Abhängigkeiten des jeweiligen Moduls i zu anderen aktivierten Modulen[88]:

$$r_i = \sum_j f_{ij} d_j$$

Die Faktoren r_i zeigen zudem nicht nur die Anzahl von Abhängigkeiten anderer Module auf, sondern ein $r_i > 0$ impliziert damit auch, dass das Modul i Bestandteil der Funktionsauswahl sein muss, um die Funktionstüchtigkeit aller ausgewählten Module zu garantieren.

5.2.1.4 Ergebnis der Funktionsadaption

Durch das hergeleitete Tableau zur Funktionsumfangsadaption ist es auf Basis einer Auswahl des gewünschten Funktionsumfangs möglich eine valide und funktionstüchtige Modulkonfiguration zu ermitteln. Durch die Erweiterung mit den Nutzenkontextangaben bezüglich Standort- und Teamanzahl und der Verknüpfung mit der Möglichkeit Datenintegrationen als Modulvarianten auszuwählen wird außerdem automatisch die Anzahl an einzubindenden Schnittstellen berechnet.

5.2.2 Anforderungsadaption durch Priorisierung von Systemeigenschaften

Neben der Adaption des Funktionsumfangs ist die Systemarchitektur mit ihren in Kapitel 5.1.2 hergeleiteten drei Basiskonfigurationen die zweite Dimension, in der Kundenwünsche adaptiert werden können. Die Auswahl der Architektur hängt hier vor allem davon ab, inwieweit die Eigenschaften der jeweiligen Variante in den Nutzenkontext des Kunden passen.

Um dem Kunden auch ohne direkten Kontakt bei der Auswahl einer Variante zu unterstützen, bietet es sich an die in Kapitel 5.1.2.2 eingeführten Architektureigenschaften heranzuziehen, um anhand dieser Gewichtung Prioritäten des Kunden in die Bewertung miteinbeziehen zu können.

---

[88] Die Variablen f_{ij} werden hierbei für die spalten- und zeilenweisen Schnittpunkte aus Tabelle 3 eingeführt.

5.2.2.1 Erweiterungen der Eigenschaftsmatrix

Ähnlich wie im vorangegangenen Kapitel müssen auch hierbei einige Anpassungen und Erweiterungen an der qualitativen Eigenschaftsmatrix vorgenommen werden, um sie mit der Priorisierung durch den Kunden zu verknüpfen und so eine kundenspezifische Bewertung zum Vergleich der verschieden Architekturvarianten möglich zu machen:

5.2.2.2 Bewertungsverfahren der Eigenschaften

Bei der Eigenschaftsbewertung in Tabelle 4 wurden die Architekturvarianten lediglich qualitativ bewertet. Um diese Bewertung mit der Gewichtung durch die Priorisierung des Kunden zu verknüpfen, muss diese Tabelle in eine quantitative Bewertung überführt werden. Diese Überführung wurde in Tabelle 6 durchgeführt. Hierbei wurde eine Bewertungsskala zwischen 0 und 1 verwendet, wobei als Referenz jeweils die Architekturvariante mit der besten Eigenschaftsbewertung mit 1 bewertet wurde.

5.2.2.3 Anzahl der Schnittstellen als weitere Eigenschaft

Zusätzlich wurde als weitere Eigenschaft die Anzahl der Schnittstellen ergänzt. Die Anzahl der Schnittstellen hat einen maßgeblichen Einfluss auf die Auswahl der Architekturvariante, da eine steigende Anzahl von Schnittstellen stark von Fog Nodes profitieren kann.

5.2.2.4 Gewichtung

Mit den Gewichtungen p_i wird die Priorisierung durch den Kunden mit den Eigenschaften der Architekturvarianten verknüpft. Auch diese Gewichtung ist normiert auf den Bereich von 0 bis 1. Hierbei steht 0 für unwichtig und 1 für sehr wichtig.

5.2.2.5 Gewichtete Bewertung

Um die Eignungen der drei Architekturvarianten quantifizieren und untereinander vergleichen zu können, muss die Gewichtung durch den Kunden mit der Eigenschaftsmatrix verknüpft werden. Die Bewertung ergibt sich hierbei aus der Summe der gewichteten Eigenschaften der jeweiligen Variante:

$$Score_j = \sum_i p_i q_{ij}$$

Da diese Bewertung nicht normiert ist, eignet sie sich lediglich zum Vergleich der Varianten. Ein Vergleich zwischen verschiedenen Kunden (in Form von verschieden definierten Eigenschaftsgewichtungen) ist nicht möglich. Der Vergleich der drei Score-Werte liefert jedoch ein gutes Indiz, welche Konfiguration zu der Priorisierung des Kunden am besten passt.

Tabelle 6: Mit p_i gewichtete Eigenschaftsmatrix der Architekturvarianten[89]

		Public Cloud	Hybrid Fog	Private Fog
Cloudanbindung	p_1	1	1	0,3
Skalierbarkeit	p_2	1	0,8	0,2
Echtzeit	p_3	0,1	0,7	1
Flexibilität	p_4	1	0,9	0,2
geringer Einrichtungsaufwand	p_5	1	0,7	0,2
geringe laufende Kosten	p_6	1	0,7	0,3
Eigene Infrastruktur	p_7	0	0,5	1
Anzahl Schnittstellen	$p_8 = n_{IO}$	0,2	1	0,8
$Score_j$:		$\sum_i p_i q_{i1}$	$\sum_i p_i q_{i2}$	$\sum_i p_i q_{i3}$

5.2.2.6 Ergebnis der Priorisierung

Mit der gewichteten Eigenschaftsmatrix ist es möglich auf Basis von Eigenschaften, die dem Kunden wichtig sind, einen quantitativen Vergleich zwischen den verschiedenen Architekturvarianten aufzustellen und einen Vorschlag für eine Systemarchitektur abzuleiten.

---

[89] Definitionsbereiche: $p_i, q_{ij} \in [0,1]$; Wertebereich: $Score_j \in \mathbb{R}$.

6 Implementierung

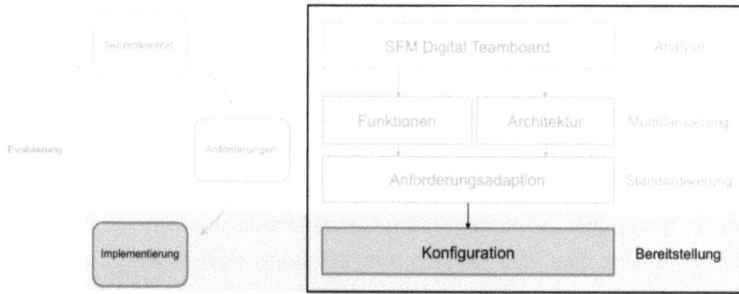

Abbildung 12: Framework-Module der Implementierungsphase

Auf Basis der Nutzenkontextanalyse des Digital Teamboards in Kapitel 4 wurden in Kapitel 5 der Funktionsumfang sowie die Architektur modularisiert und darauf aufbauend eine standardisierte Anforderungsadaptionsmethodik hergeleitet. Dieses Kapitel beschäftigt sich nun mit der Bereitstellung dieser Methodiken für den Kunden in Form eines Konfigurators.

Hierfür werden in Kapitel 6.1. grundlegende Eigenschaften und Anforderungen aufgezeigt, denen der Konfigurator genügen soll. Anschließend werden in Kapitel 6.2 das Konfigurationsformular und in Kapitel 6.3 die Auswertungsmechanik und das Ergebnis des Konfigurators vorgestellt.

6.1 Eigenschaften des Konfigurators

Ein Produktkonfigurator bildet den „Mittelpunkt des Kundeninteraktionsprozesses"[90], bei dem die nötigen kundenspezifischen Informationen ermittelt werden, um das Produkt nach dessen Wünschen und Anforderungen anpassen zu können[91]. Abschluss dieses Prozesses bildet meistens der Kauf bzw. die Bestellung des Produktes. Im Falle von cloudbasierten Produkten ist dies zudem meist mit einer direkten Bereitstellung des Services verknüpft[92]. Methodische Kernanforderungen an den Konfigurator sind nach Lindemann[93] die *Präsentation des Angebots*, die *Auswahl einer Basiskonfiguration*, die

---

[90] Lindemann et al. (2006), S.120
[91] Vgl. Ebd., S.120
[92] Siehe hierzu in Kapitel 0 das Cloud Computing Kernmerkmal „on demand self service".
[93] Vgl. zu methodischen als auch weiteren Anforderungen Lindemann et al. (2006), S.121f.

Plausibilitätsprüfung und Vervollständigung der Auswahl sowie die *Visualisierung* der Konfiguration.

Die Umsetzung dieser Anforderungen wird in den folgenden Unterkapiteln anhand des Konfigurationsformulars und der Auswertung und Ergebnisfindung des Konfigurators vorgestellt.

6.2 Konfigurationsformular

Die Hauptaufgabe des Konfigurationsformulars ist die Erhebung aller relevanten Informationen über den Kunden, um auf Basis dessen eine kundenspezifische Produktkonfiguration ableiten zu können.

Die relevanten Informationen des Konfigurators leiten sich hierbei aus den Eingangsvariablen der in Kapitel 5.2 eingeführten Anforderungsadaptionsprozesse ab[94]. Nötige Informationen für die Funktionsadaption aus Kapitel 5.1.1 sind hierbei die Rahmenbedingungen, die Funktionsauswahl und die Variantenauswahl bezüglich Schnittstellen zur Datenintegration und Integration von weiteren Schnittstellen. Informationen zu Systemeigenschaften sind die jeweiligen Prioritätengewichtungen der einzelnen Eigenschaften. Eine detaillierte Aufführung ist in Tabelle 7 aufgeführt:

Tabelle 7: Elemente des Konfigurationsformulars zur Erhebung relevanter Informationen

RAHMENBEDINGUNGEN				SCHNITTSTELLEN		
n_S	Standorte		Anzahl	v_1	Datenintegration für Nutzerverwaltung	ja/nein
n_T	Teams		Anzahl	v_2	Datenintegration für KPI	ja/nein[95]
FUNKTIONSUMFANG				n_W	weitere Schnittstellen	Anzahl
d_1	Nutzerverwaltung	X	ja	**PRIORITÄTEN**		
d_2	Basiseinstellungen	X	ja	p_1	Cloudanbindung	Priorität in %
d_3	Dashboard	X	ja	p_2	Skalierbarkeit	Priorität in %
d_4	News		ja/nein	p_3	Echtzeit	Priorität in %
d_5	Maßnahmen		ja/nein	p_4	Flexibilität	Priorität in %
d_6	Problemlösung		ja/nein	p_5	Einrichtungsaufwand	Priorität in %
d_7	KPI		ja/nein	p_6	Laufende Kosten	Priorität in %
d_8	Leistungsdialog		ja/nein	p_7	Eigene Infrastruktur	Priorität in %
d_9	Qualifikationsmanagement		ja/nein			
d_{10}	Schichtenplaner		ja/nein			

---

[94] Zur Veranschaulichung der Verknüpfungen sind die Prozessvariablen ebenfalls in Tabelle 7 aufgeführt.

Neben der reinen Datenerhebung erfüllt das Formular weitere Funktionen, die für einen Konfigurator von Relevanz sind. Durch die Auflistung des obligatorischen als auch optionalen Funktionsumfangs sowie der möglichen Schnittstellenvarianten wird das vollständige *Angebot präsentiert und visualisiert*. Durch das Aufführen der obligatorischen Funktionen wird zudem die *Basiskonfiguration* des Systems ersichtlich.

6.3 Auswertung und Ergebnis des Konfigurators

Das zuvor vorgestellte Konfigurationsformular bildet die Grundlage für die Auswertung und die Ergebnisfindung des Konfigurators. Die Vorgehensweise durch Verknüpfung des Formulars mit den Methodiken aus Kapitel 5.2 wird hierfür in Abbildung 13 graphisch dargestellt:

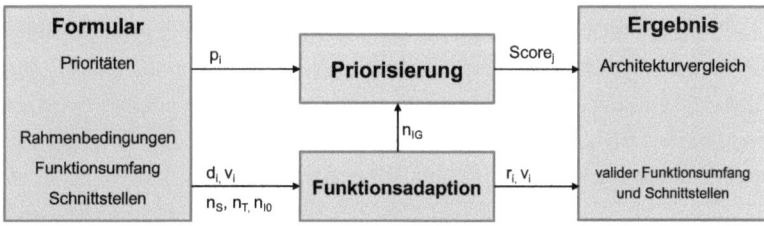

Abbildung 13: Funktionsmechanik des Konfigurators

Die Informationen bezüglich Rahmenbedingungen, Funktionsumfang und Schnittstellenvarianten werden für die Funktionsadaption mit der Methodik aus Kapitel 5.2.1.4 genutzt, um die funktionalen Abhängigkeiten r_i sowie die Gesamtanzahl an zu implementierenden Schnittstellen n_{IG} zu bestimmen.

Die durch den Kunden definierte Priorisierung der Systemeigenschaften p_i sowie die in der Funktionsadaption ermittelte Gesamtanzahl an Schnittstellen n_{IG} dienen als Datengrundlage, um mittels der gewichteten Eigenschaftsmatrix aus Kapitel 5.2.2 eine Bewertung der drei Architekturvarianten mit dem *Score$_j$* zu quantifizieren.

Als Ergebnis kann diese *Score$_j$* herangezogen werden, um den Kunden hinsichtlich der Architekturvariantenwahl zu unterstützen. Hierbei kann durch den Vergleich der Bewertungen der drei Varianten und die Auswahl der höchsten Bewertung eine Empfehlung bezüglich einer Architekturvariante ermittelt werden:

$$Architekturvariantenempfehlung = \begin{cases} Variante\ 1, wenn\ Score_1 > Score_i\ mit\ i \neq 1 \\ Variante\ 2, wenn\ Score_2 > Score_i\ mit\ i \neq 2 \\ Variante\ 3, wenn\ Score_3 > Score_i\ mit\ i \neq 3 \end{cases}$$

Auf Basis der Funktionsadaption kann mit den ermittelten funktionalen Abhängigkeiten der gewählten Konfiguration eine valide und funktionstüchtige Modulauswahl d'_i und Variantenwahl v'_i bestimmt werden:

$$d'_i = \begin{cases} 1, wenn\ d_i > 0 \\ 0, wenn\ d_i = 0 \end{cases}$$

$$v'_i = \begin{cases} 1, wenn\ d'_i = 1\ und\ d_i = 1 \\ 0, wenn\ d'_i = 0\ oder\ v_i = 0 \end{cases}$$

Durch diese Mechanik wird damit zusammenfassend ein Ergebnis ermittelt, das einen auf *Plausibilität geprüften* und gegebenenfalls *automatisch ergänzten* Funktionsumfang und Variantenauswahl herleitet. Der Kunde wird bei der Architekturauswahl durch eine Variantenempfehlung *unterstützt*, und es wurde zudem der Gesamtumfang an zu implementierenden Schnittstellen ermittelt.

Das Anforderungsformular in Kombination mit der Auswertungslogik erfüllt somit alle in Kapitel 6.1 aufgestellten methodischen Anforderungen an den Konfigurator.

7 Evaluation

Nach der Implementierung in Kapitel 6 beschäftigt sich dieses Kapitel mit der Evaluation des Konfigurators. Als Evaluationsgrundlage werden hierbei die drei Persona aus Kapitel 4.2 herangezogen. Auf Basis ihrer Definition werden folgend die Eingabewerte für das Konfigurationsformular definiert und deren Verarbeitung[95] als auch die daraus resultierenden Ergebnisse individuell analysiert.

Abschließend werden die Ergebnisse der verschiedenen Persona in Kapitel 7.4 untereinander verglichen und darauf aufbauend die Ergebnisse in ihrer Gesamtheit kritisch gewürdigt.

7.1 Ergebnis für die Groß AG

Im Folgenden werden die Eingabeparameter des Konfigurators der Groß AG hergeleitet:

Die Groß AG ist ein großer Konzern mit 15 Standorten und über 15.000 Mitarbeitern. Ein Standort setzt sich im Schnitt aus 2 Teamclustern zusammen. Da die Plattform zuerst nur an einem Standort, bei Erfolg jedoch mittelfristig an allen Standorten eingeführt werden soll, wird für den Konfigurator die Standortanzahl von 15 und die jeweilige Teamanzahl von 2 gewählt. Daraus ergeben sich die Rahmenbedingungen:

$$n_S = 15$$

$$n_T = 2$$

Bezüglich des Funktionsumfangs möchte die Groß AG das DTB sehr umfangreich nutzen. Sie planen deshalb mit allen optionalen Funktionen. Ausgenommen hiervon ist lediglich der Schichtenplaner, da dieser bereits mit einer anderen Plattform realisiert wurde. Das Maßnahmenmodul wurde ebenfalls nicht ausgewählt, da man der Meinung ist, dass diese Funktion auch mit den anderen Modulen ähnlich abgebildet werden kann. Daraus ergibt sich:

---

[95] Die Verarbeitung der Daten wird beispielhaft in Kapitel 7.1 für die Groß AG vorgestellt. Da dieser Prozess bei den beiden anderen Persona identisch abläuft, wird er bei ihnen nicht wiederholt im Detail erläutert.

$$d = (1,1,1,1,0,1,1,1,0)$$

Da die Groß AG ein konzernweites Digitalisierungsprojekt verfolgt, sind dadurch bereits Systeme vorhanden, die sich als Schnittstelle für das Nutzerverwaltungssystem als auch für das KPI-Modul anbieten. Es werden deshalb beide Module in der Variante mit Datenintegration gewählt. Zusätzlich möchte die Groß AG exklusiv an ihrem Hauptsitz mittelfristig zwei weitere Schnittstellen einbinden. Daraus leiten sich folgende Schnittstellenparameter ab:

$$v = (1,0,0,0,0,0,1,0,0,0)$$

$$n_{IO} = 2$$

Bei den Systemeigenschaften ist dem Unternehmen die Cloudanbindung sehr wichtig *(Cloudanbindung: 100%)*. Da sie stark wachsen, ist zudem die Skalierbarkeit des Systems von hoher Wichtigkeit *(Skalierbarkeit: 80%)*. Echtzeitsysteme sind zwar bereits vorhanden, die Groß AG sieht aktuell aber noch keinen größeren Nutzen diese in das DTB einzubinden. Trotzdem sollte eine Option hierfür langfristig umsetzbar sein *(Echtzeitsysteme: 50%)*. Da das Unternehmen bereits Erfahrung mit Digitalisierungsprojekten gesammelt hat, sind sie sich dem Einrichtungsaufwand bewusst und nehmen diesen auch zu einem gewissen Grad in Kauf *(geringer Einrichtungsaufwand: 30%)*. Sie erhoffen sich hingegen gerade bei den laufenden Kosten mittelfristig Ersparnisse durch den Bezug einer externen Lösung *(geringe laufende Kosten: 70%)*. Hierbei nimmt man zur weiteren Ersparnis auch ein nicht vollumfänglich flexibles System in Kauf *(Flexibilität: 30%)*, da das System für einen konkreten Einsatzzweck angeschafft werden soll, der mit dem aktuellen Funktionsumfang auch abgebildet werden kann. Durch die Digitalisierungsstrategie der Groß AG ist bereits eine umfangreiche IT-Infrastruktur vorhanden, die auch genutzt werden soll *(eigene Infrastruktur: 80%)*. Daraus ergeben sich die Gewichtungen:

$$p = (1, 0.8, 0.5, 0.3, 0.3, 0.7, 0.8)$$

Verarbeitung und Ergebnis

Auf Basis der ermittelten Eingangsparamater[96] ergibt sich bei der Funktionsadaption folgendes Ergebnis für die funktionalen Abhängigkeiten und die daraus abgeleitete validierte Modul- und Variantenauswahl:

$$r = (8,1,3,1,2,2,2,1,1,0)$$

$$d' = (1,1,1,1,1,1,1,1,1,0)$$

$$v' = (1,0,0,0,0,0,1,0,0,0)$$

$$n_{IG} = 62$$

Hierbei fällt auf, dass in dem angepassten Funktionsumfang d' das Maßnahmenmodul aktiviert wurde, um eine Funktionstüchtigkeit der anderen Module zu gewährleisten. Dieser Zusammenhang war dem Kunden nicht bekannt, wurde somit aber durch das System automatisch ergänzt. Der Schichtenplaner bleibt hingegen weiterhin deaktiviert, was impliziert, dass es zu ihm keine funktionalen Abhängigkeiten der anderen gewählten Module gibt und er deshalb nicht benötigt wird.

Durch die große Anzahl an Standorten und Teams ergibt sich eine hohe Anzahl an einzubindenden Schnittstellen. Diese Information kombiniert mit der Eigenschaftspriorisierung ergibt in der gewichteten Priorisierungsmatrix folgende Bewertungen der Architekturvarianten[97]:

$$Score = (15.45, 65.29, 51.66)$$

Demnach eignet sich im direkten Vergleich bei den gegebenen Parametern die Hybrid Fog am besten, gefolgt von der Private Fog. Abgeschlagen ist die Public Cloud Lösung. Dies ist vor allem der hohen Schnittstellenanzahl und der hohen Priorität zur Einbindung von firmeneigener IT-Infrastruktur geschuldet.

Die durch den Konfigurator empfohlene Architekturvariante ist demnach mit Variante 2 die Hybrid Fog.

---

[96] Diese sind zusammengefasst tabellarisch einsehbar im Anhang A.5.
[97] Reihenfolge des Vektors: Public Cloud, Hybrid Fog, Private Fog.

Für dieses Ergebnis spricht, dass diese Variante die ideale Mischung aus lokalem und cloudbasiertem System darstellt und somit von den Vorteilen beider Systeme profitieren kann. Es wirkt damit schlüssig, dass dies die richtige Wahl für die Groß AG ist.

7.2 Ergebnis für die KMU GmbH

Die KMU GmbH möchte einen Standort mit einem Team einbinden, um ein technisch getriebenes PoC umzusetzen. Beim Funktionsumfang möchten sie das KPI-Modul als auch den Leistungsdialog in ihr System einbinden. Da die technischen Gegebenheiten durch die neue Fertigungslinie gegeben sind, soll das KPI-Modul in der Variante mit Datenintegration implementiert werden. Eine Datenintegration aus der eigenen Nutzerverwaltung oder weitere Schnittstellen sind vorerst nicht erwünscht.

Die KMU GmbH lehnt zur Zeit die Vernetzung mit einer Cloud ab *(Cloudanbindung: 0%)*, da sie für sich keinen Vorteil in den typischen Benefits einer Cloudlösung sieht *(Skalierbarkeit: 0%, Flexibilität: 0%)*. Für ein geschlossenes System nehmen sie hierbei auch zu einem gewissen Grad einen höheren Einrichtungsaufwand und höhere laufende Kosten in Kauf *(niedriger Einrichtungsaufwand: 50%, niedrige laufende Kosten: 50%)*. Da sie die Echtzeitdaten von ihren neuen Maschinen in das System einbinden wollen *(Echtzeitfähigkeit: 100%)*, liegt eine hohe Priorität ihrerseits auf der Einbindung ihrer lokalen Infrastruktur *(Eigene Infrastruktur: 100%)*[98].

Ergebnis

Für die Klein GmbH ergeben sich folgende Ergebnisse des Konfigurators:

$$d' = (1,1,1,0,1,1,1,1,0,0)$$

$$n_{IG} = 1$$

$$Score = (1.3, 2.9, 3.05)$$

---

[98] Die Übersicht der Eingangsparameter der KMU GmbH ist im Anhang A.6 aufgeführt.

Es muss insgesamt eine Schnittstelle in das System eingebunden werden. Durch die Auswahl des Leistungsdialogmoduls müssen auch die Module Problemlösung und Maßnahmen ergänzt werden, damit die Funktionalität des Leistungsdialogmoduls gewährleistet werden kann.

Als empfohlene Architekturvariante hat sich die Private Fog knapp durchgesetzt. Das Ergebnis fällt aber knapper aus als erwartet, da die Ablehnung der Cloudanbindung im Kontext von zehn gewichteten Eigenschaften nicht stark genug ins Gewicht fällt.

7.3 Ergebnis für die Klein GmbH

Die Klein GmbH will lediglich einen Standort und ein Team einbinden. Bei den Funktionen möchte sie von den optionalen Modulen lediglich den Schichtenplaner nutzen. Schnittstellen fallen keine an, da der Schichtenplaner keine Datenintegration anbietet und sie auch keine weiteren Schnittstellen einbinden wollen.

Für die Klein GmbH soll das System der erste Kontakt mit dem Thema Digitalisierung darstellen. Ihre Prioritäten liegen daher ganz klar darauf, dass der Einrichtungsaufwand und die laufenden Kosten möglichst gering sind *(geringe laufende Kosten: 100%, geringer Einrichtungsaufwand 100%)*. Da sie keine eigene IT-Infrastruktur besitzen *(Eigene Infrastruktur: 0%, Echtzeit: 0%)*, ist für sie zudem der Aspekt einer Cloudlösung wichtig *(Cloudanbindung: 100%)*. Da sie zu Anfang nur mit einem Modul beginnen, ist die Möglichkeit einer flexiblen Systemerweiterung für sie zudem sehr interessant *(Flexibilität: 80%)*[99].

Ergebnis

Für die Klein GmbH ergeben sich folgende Ergebnisse des Konfigurators:

$$d' = (1,1,1,0,0,0,0,0,0,1)$$

$$n_{IG} = 0$$

$$Score = (3.8, 3.12, 0.96)$$

---

[99] Die Übersicht der Eingangsparameter der Klein GmbH ist im Anhang A.7 aufgeführt.

Da der Schichtenplaner als einzig gewähltes optionales Modul von keinen anderen Modulen abhängt, hat sich nichts an der Modulauswahl geändert. Es müssen insgesamt keine Schnittstellen eingebunden werden. Dies ist auch einer der Gründe, warum die Public Cloud Variante die beste Bewertung erhält und somit die empfohlene Variante ist. Durch die vergleichbaren Eigenschaften ist auch die Hybrid Fog ähnlich gut bewertet. Der höhere Aufwand bei der Einrichtung und den laufenden Kosten (ohne damit einen Mehrwert zu generieren), bedingen jedoch insgesamt ein schlechteres Abschneiden. Die Private Fog ist weit abgeschlagen, da sie bei keinen der durch die Klein GmbH priorisierten Eigenschaften einen echten Vorteil hat.

Die Klein GmbH ist ganz klar auf der Suche nach einer günstigen Cloudlösung, was durch den Konfigurator korrekt abgebildet werden konnte.

7.4 Kritische Würdigung der Ergebnisse

Mit der Anwendung des Konfigurators auf die drei Persona Unternehmen konnte die Funktionsweise der Anforderungsadaption dargestellt und Ergebnisse zur Bewertung des Vorgehens ermittelt werden.

Der analytische Ansatz zur Bestimmung der validen Systemkonfiguration auf Basis der Design Structure Matrix hat sich hierbei als zuverlässig erwiesen. Er bildet die funktionalen Abhängigkeiten der Module und ihrer Variantenausprägungen auf einfache Weise ab und ist zudem auch ohne großen Aufwand um weitere Module erweiterbar. Ein möglicher Ansatzpunkt für Optimierungen des Modells besteht in der Tatsache, dass in der aktuellen Form alle Schnittstellen ungewichtet bewertet werden. Da die Einbindung von Schnittstellen und der damit verbundene Aufwand jedoch je nach Technologie stark unterschiedlich ausfällt, könnte eine detailliertere Klassifizierung der Schnittstellentypen die Systemgüte verbessern.

Auch die Priorisierung von Systemeigenschaften zur Ermittlung einer passenden Systemkonfiguration führte zu schlüssigen Ergebnissen. In allen drei Fällen wurde von dem System quantitativ die erdachte Lösung für die jeweilige Persona korrekt bestimmt. Es gibt jedoch auch mehrere Einschränkungen der Methodik, die Ansatzpunkte für mögliche Verbesserungen liefern. So werden die Gewichtungen nicht normiert, was einen Vergleich zwischen verschiedenen Kunden nicht möglich macht. Zusätzlich werden keine Korrelationen zwischen den Systemeigenschaften berücksichtigt. Die Ergebnisse können dadurch, gerade bei nicht sinnvollen Gewichtungen durch den Nutzer, verzerrt werden. Auch die grundlegende

Bewertung der verschiedenen Varianten wurde subjektiv ausgeführt. Hier könnte z.B. eine empirische Herleitung und/oder die Anpassungen der Werte in einem iterativen Prozess die Genauigkeit erhöhen.

Zusammenfassend ist damit zu sagen, dass der Konfigurator mit Hilfe der Funktionsadaption valide Funktionskonfigurationen hinsichtlich der Modul- und Variantenauswahl treffen kann. Durch Verknüpfung mit der Priorisierung von Systemeigenschaften können zudem schlüssige Vorschläge für die passende Architekturvariante abgeleitet werden. Die angestrebten Funktionen des Konfigurators sind somit in dieser Arbeit umgesetzt worden.

8 Fazit und Ausblick

Ziel dieser Arbeit war die Herleitung eines Customization Frameworks für cloudbasierte Shopfloor Management Systeme am Beispiel des Shopfloor Management System Digital Teamboard der SFMS GmbH.

Hierfür wurde auf Basis des menschzentrierten Gestaltungsansatzes nach DIN EN ISO 9241-210 ein vierphasiges Framework-Modell hergeleitet. Die Phasen umfassen dabei die Analyse, Modularisierung, Standardisierung und Bereitstellung.

In der Analysephase wurde die Systemumgebung des Digital Teamboards in Form der schlanken Produktion und des Shopfloor Managements vorgestellt. Anschließend wurde das Digital Teamboard in seinem Istzustand untersucht und eine Zielgruppe mittels der Persona-Methode definiert.

Die Modularisierungsphase teilte sich in die Definition der funktionalen und der baulichen Modularität auf. Hierbei wurde der Funktionsumfang des DTB in obligatorische und optionale Module und Variantenausprägungen unterteilt und zudem funktionale Abhängigkeiten zwischen den Modulen analysiert. Anschließend wurden auf Basis des Fog Computing Ansatzes die drei Architekturvarianten Public Cloud, Private Fog und Hybrid Fog hergeleitet und mittels hierfür definierter Systemeigenschaften miteinander verglichen.

In der darauffolgenden Standardisierungsphase wurden die Ergebnisse der Modularisierung genutzt, um eine standardisierte Anforderungsadaptionsmethodik herzuleiten. Diese setzt sich aus der Funktionsumfangsadaption und der Architekturvariantenadaption durch Priorisierung von Systemeigenschaften zusammen.

Die Bereitstellungsphase bildet mit der Herleitung des Konfigurators die letzte Phase des Customization Frameworks. Der dort entwickelte Konfigurator kombiniert die Methodiken aus der Standardisierungsphase und ermöglicht so dem Kunden mittels eines standardisierten Formulars eine valide Funktionskonfiguration zu erhalten. Zudem wird auf Basis der Kundeninformationen eine für ihn passende Architekturvariante ermittelt und vorgeschlagen.

In der abschließenden Evaluierungsphase wurde der implementierte Konfigurator mittels der drei in der Analysephase bestimmten Persona Unternehmen getestet. Mit diesen Ergebnissen konnte die Funktionstüchtigkeit des Konfigurators bestätigt werden. Mit Hilfe des Konfigurators können valide Systemkonfigurationen für den Kunden ermittelt werden. Zudem wird auf Basis der Priorisierung der Systemeigenschaften dem Kunden eine passende Architekturvariante vorgeschlagen.

Mit dem Customization Framework für cloudbasierte Shopfloor Management Systeme wurde somit ein Ansatz hergeleitet, mit dem ein klassisches On Premise Produkt wie das Digital Teamboard zu einem modularen, skalierbaren und cloudbasierten On Demand Self Service ummodelliert und für den Nutzer konfigurierbar gemacht werden kann.

8.1 Ausblick

Im Zuge der konkreten Implementierung dieses Ansatzes ist es im Anschluss an diese Arbeit notwendig, dass weitere technische Ansprüche an ein Cloud Computing System erfüllt werden. Hierbei gilt es vor allen Dingen ein Preismodell für die Modul- und Variantenauswahl hinsichtlich Funktionsumfang und Architektur umzusetzen, um den On Demand Ansprüchen eines Cloud Services gerecht zu werden. Des Weiteren muss ein Konzept ausgearbeitet werden, mit dem für den Kunden die Implementierung der lokalen Fog Nodes durch Software- oder Hardwaremodule vereinfacht werden kann, um auch bei der Hybrid und der Private Fog Architekturvariante ein skalierbares Produkt zu erhalten.

Für diese technischen Herausforderungen bildet das Customization Framework einen guten methodischen Ansatzpunkt, mit dem die strukturellen Voraussetzungen für eine solche cloudbasierte Bereitstellung erfüllt werden können.

Fazit und Ausblick

Anhang

Kernbausteine der Industrie 4.0 aus Plattform Industrie 4.0 (2015), S.15

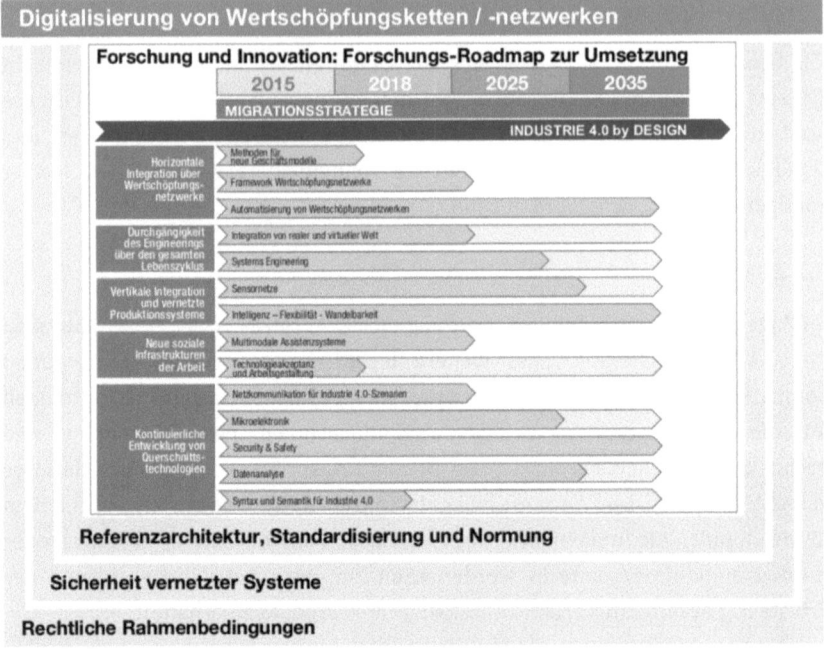

Nutzeroberfläche Digital Teamboard (Leistungsdialog)

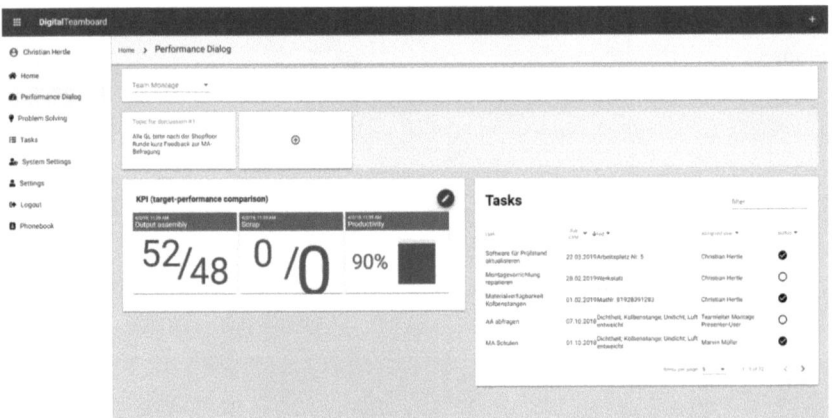

Fazit und Ausblick

Nutzeroberfläche Digital Teambaord (Qualifikationsmatrix)

Nutzeroberfläche Digital Teamboard (Schichtenplaner)

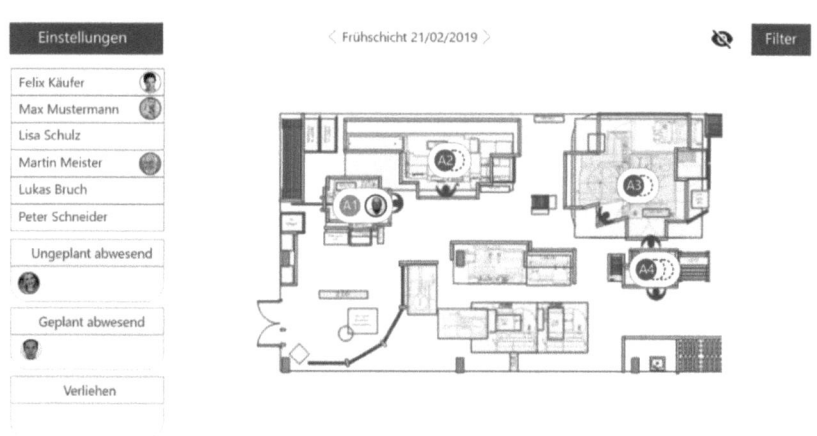

Fazit und Ausblick

Konfiguratorparameter der Groß AG

RAHMENBEDINGUNGEN			
n_S	Standorte	15	Anzahl
n_T	Teams	2	Anzahl
FUNKTIONSUMFANG			
d_1	Nutzerverwaltung	X	ja
d_2	Basiseinstellungen	X	ja
d_3	Dashboard	X	ja
d_4	News	X	ja/nein
d_5	Maßnahmen	X	ja/nein
d_6	Problemlösung	X	ja/nein
d_7	KPI	X	ja/nein
d_8	Leistungsdialog	X	ja/nein
d_9	Qualifikationsmanagement	X	ja/nein
d_{10}	Schichtenplaner		ja/nein

SCHNITTSTELLEN			
v_1	Datenintegration für Nutzerverwaltung	X	ja/nein
v_7	Datenintegration für KPI	X	ja/nein
n_{10}	weitere Schnittstellen	2	Anzahl
PRIORITÄTEN			
p_1	Cloudanbindung	100	Priorität in %
p_2	Skalierbarkeit	80	Priorität in %
p_3	Echtzeit	50	Priorität in %
p_4	Flexibilität	30	Priorität in %
p_5	niedrigerEinrichtungsaufwand	30	Priorität in %
p_6	Laufende Kosten	70	Priorität in %
p_7	Eigene Infrastruktur	80	Priorität in %

Konfiguratorparameter der KMU GmbH

RAHMENBEDINGUNGEN			
n_S	Standorte	1	Anzahl
n_T	Teams	1	Anzahl
FUNKTIONSUMFANG			
d_1	Nutzerverwaltung	X	ja
d_2	Basiseinstellungen	X	ja
d_3	Dashboard	X	ja
d_4	News		ja/nein
d_5	Maßnahmen		ja/nein
d_6	Problemlösung		ja/nein
d_7	KPI	X	ja/nein
d_8	Leistungsdialog	X	ja/nein
d_9	Qualifikationsmanagement		ja/nein
d_{10}	Schichtenplaner		ja/nein

SCHNITTSTELLEN			
v_1	Datenintegration für Nutzerverwaltung		ja/nein
v_7	Datenintegration für KPI	X	ja/nein
n_{10}	weitere Schnittstellen	0	Anzahl
PRIORITÄTEN			
p_1	Cloudanbindung	0	Priorität in %
p_2	Skalierbarkeit	0	Priorität in %
p_3	Echtzeit	100	Priorität in %
p_4	Flexibilität	0	Priorität in %
p_5	Einrichtungsaufwand	50	Priorität in %
p_6	Laufende Kosten	50	Priorität in %
p_7	Eigene Infrastruktur	100	Priorität in %

Konfiguratorparameter der Klein GmbH

RAHMENBEDINGUNGEN			
n_S	Standorte	1	Anzahl
n_T	Teams	1	Anzahl
FUNKTIONSUMFANG			
d_1	Nutzerverwaltung	X	ja
d_2	Basiseinstellungen	X	ja
d_3	Dashboard	X	ja
d_4	News		ja/nein
d_5	Maßnahmen		ja/nein
d_6	Problemlösung		ja/nein
d_7	KPI		ja/nein
d_8	Leistungsdialog		ja/nein
d_9	Qualifikationsmanagement		ja/nein
d_{10}	Schichtenplaner	X	ja/nein

SCHNITTSTELLEN			
v_1	Datenintegration für Nutzerverwaltung		ja/nein
v_7	Datenintegration für KPI		ja/nein
n_{10}	weitere Schnittstellen	0	Anzahl
PRIORITÄTEN			
p_1	Cloudanbindung	100	Priorität in %
p_2	Skalierbarkeit	0	Priorität in %
p_3	Echtzeit	0	Priorität in %
p_4	Flexibilität	80	Priorität in %
p_5	Einrichtungsaufwand	100	Priorität in %
p_6	Laufende Kosten	100	Priorität in %
p_7	Eigene Infrastruktur	100	Priorität in %

Literaturverzeichnis

Akhija, Lakshmi R; Smita, Thomas (2015): Fog Computing Applications in Cloud. In: IJSTE - International Journal of Science Technology & Engineering, 2 (05), S. 97-99.

Bertagnolli, Frank (2018): Lean Management Einführung und Vertiefung in die japanische Management-Philosophie. Praxisreihe Qualitätswissen Hanser, Wiesbaden.

Bettenhauser, Kurt D.; Kowalewski, Stefan (2013): Cyber-Physical Systems: Chancen und Nutzen aus Sicht der Automation. Thesen und Handlungsfelder VDI/VDE Gesellschaft

Mess- und Automationsmaschinen.

Bovenschulte, Marc; Apt, Wenke; Priesack, Kai (2018): Die digitale Transformation von Unternehmen. Institut für Innovation und Technik (iit), In: iit perspektive, 44.

Bruder, Ralph; Didier, Muriel (2015): Gestaltung von Mensch-Maschine-Schnittstellen. In: Winner, H.; Hakuli, S.; Lotz, F.; Singer, C. (Hrsg.): Handbuch Fahrerassistenzsysteme: Grundlagen, Komponenten und Systeme für aktive Sicherheit und Komfort. Springer Fachmedien Wiesbaden, Wiesbaden, S. 633-645.

Brunner, Franz J. (2008): Japanische Erfolgskonzepte KAIZEN, KVP, Lean Production Management, Total Productive Maintenance, Shopfloor Management, Toyota Production Management. Praxisreihe Qualitätswissen, Hanser, München.

Brunner, Franz J. (2017): Japanische Erfolgskonzepte KAIZEN, KVP, Lean Production Management, Total Productive Maintenance, Shopfloor Management, Toyota Production System, GD3 - Lean Development. Praxisreihe Qualitätswissen. 4., überarbeitete Auflage, Hanser, München.

Chiang, Mung; Zhang, Tao (2016): Fog and IoT: An overview of research opportunities. In: IEEE IoT Journal, 3 (6), S. 854–864.

DIN EN ISO 9241-110 (2008): Ergonomie der Mensch-System-Interaktion –

Teil 110: Grundsätze der Dialoggestaltung (ISO 9241-110:2006); Deutsche Fassung EN ISO 9241-110:2006.

DIN EN ISO 9241-210 (2011): Ergonomie der Mensch-System-Interaktion –

Teil 210: Prozess zur Gestaltung gebrauchstauglicher interaktiver Systeme (ISO 9241-210:2010); Deutsche Fassung EN ISO 9241-210:2010.

Gölzer, Philipp; Amberg, Michael (2016): Big Data in Industrie 4.0 - Eine strukturierte Aufarbeitung von Anforderungen, Anwendungsfällen und deren Umsetzung. Technische Fakultät, Friedrich-Alexander-Universität Erlangen-Nürnberg.

Gölzer, Philipp; Cato, Patrick; Amberg, Michael (2015): Data processing requirements of Industry 4.0 - use cases for Big Data applications. European Conference on Information Systems (ECIS). Münster. 23.

Hertle, Christian (2017): Shopfloor Management Systeme zur zielgerichteten, systematischen Kompetenzentwicklung in der Produktion. Schriftenreihe des PTW: "Innovation Fertigungstechnik" Technische Universität Darmstadt, Darmstadt.

Iorga, Michaela; Feldman, Larry; Barton, Robert; Martin, Michael J.; Goren, Nedim; Mahmoudi, Charif (2018): Fog Computing Conceptual Model. Recommendations of the National Institute of Standards and Technology. Gaithersburg, National Institute of Standards and Technology.

Jansen, Herbert H. (1993): Lean Production in der mittelständischen Industrie. Springer, Berlin, Heidelberg.

Jones, M.; Bradley, J.; Sakimura, N. (2015): JSON Web Token (JWT), Internet Engineering Task Force (IETF).

Kagermann, Henning; Wahlster, Wolfgang; Helbig, Johannes (2013): Abschlussbericht des Arbeitskreises Industrie 4.0. Umsetzungsempfehlungen für das Zukunftsprojekt Industrie 4.0. Frankfurt, acatech.

König, Christina (2012): Analyse und Anwendung eines menschzentrierten Gestaltungsprozesses zur Entwicklung von Human-Machine-Interfaces im Arbeitskontext am Beispiel Flugsicherung. Fachbereich Maschinenbau, Technische Universität Darmstadt.

Lindemann, Udo; Reichwald, Ralf; Zäh, Michael F. (2006): Individualisierte Produkte — Komplexität beherrschen in Entwicklung und Produktion. VDI Udo Lindemann

Ralf Reichwald Michael F. Zäh (Hrsg.), Springer, Heidelberg.

Markakis, Evangelos; Mastorakis, George; Mavromoustakis, Constandinos X.; Pallis, Evangelos (2017): Cloud and Fog Computing in 5G Mobile Networks Emerging Advances and Applications. IET Telecommunications Series The Institution of Engineering and Technology, London.

Mell, Peter; Grance, TImothy (2012): The NIST Definition of Cloud Computing. Recommendations of the National Institute of Standards and Technology. Gaithersburg, National Institute of Standards and Technology.

Nowak, Dawid (2017): Systematisierung und Bewertung der Customizing- und Modifikationsmöglichekiten von cloudbasierten ERP-Systemen. Wirtschaftswissenschaftliche Fakultät, Europa-Universität Viadrina Frankfurt (Oder).

Oswald, Gerhard; Krcmar, Helmut (2018): Digitale Transformation Fallbeispiele und Branchenanalysen. Informationsmanagement und digitale Transformation Helmut Krcmar (Hrsg.), SpringerGabler, Garching.

Plattform Industrie 4.0 (2015): Umsetzungsstrategie Industrie 4.0 Ergebnisbericht der Plattform Industrie 4.0. 1. Aufl., Bitkom e.V., VDMA e.V., ZVEI e.V., Berlin.

Pröbster, Monika; Haque, Mirza Ehsanul; Haag, Maren; Marsden, Nicola (2017): Framing Personas: Enhancing Engagement and Perspective Taking. Mensch und Computer 2017 - Tagungsband. Regensburg, Gesellschaft für Informatik e. V.

Proff, Heike; Fojcik, Thomas M. (2018): Mobilität und digitale Transformation technische und betriebswirtschaftliche Aspekte. Heike Proff, Thomas Martin Fojcik (Hrsg.), SpringerGabler, Duisburg.

Steimle, Toni; Wallach, Dieter (2015): Collaborative UX Design Lean UX und Design Thinking: Teambasierte Entwicklung menschzentrierter Produkte. 1. Auflage. Aufl., dpunkt.verlag, Heidelberg.

Teich, Irene; Kolbenschlag, Walter; Reiners, Wilfried; Reiners, Wilfried; Kolbenschlag, Walter (2008): Der richtige Weg zur Softwareauswahl Lastenheft, Pflichtenheft, Compliance, Erfolgskontrolle. Springer, Heidelberg.

von Gizycki, Vittoria; Elias, Carola Anna (2018): Omnichannel Branding Digitalisierung als Basis erlebnis- und beziehungsorientierter Markenführung. SpringerGabler, Berlin.

Akhija, Lakshmi R; Smita, Thomas (2015): Fog Computing Applications in Cloud. In: IJSTE - International Journal of Science Technology & Engineering, 2 (05), S. 97-99.

Bertagnolli, Frank (2018): Lean Management Einführung und Vertiefung in die japanische Management-Philosophie. Praxisreihe Qualitätswissen Hanser, Wiesbaden.

Bettenhauser, Kurt D.; Kowalewski, Stefan (2013): Cyber-Physical Systems: Chancen und Nutzen aus Sicht der Automation. Thesen und Handlugnsfelder VDI/VDE Gesellschaft

Mess- und Automationsmaschinen.

Bovenschulte, Marc; Apt, Wenke; Priesack, Kai; Institut für Innovation und Technik (iit) (2018): ¨Dieœ digitale Transformation von Unternehmen. In: iit perspektive, 44.

Bruder, Ralph; Didier, Muriel (2015): Gestaltung von Mensch-Maschine-Schnittstellen. In: Winner, H.; Hakuli, S.; Lotz, F.; Singer, C. (Hrsg.): Handbuch Fahrerassistenzsysteme: Grundlagen, Komponenten und Systeme für aktive Sicherheit und Komfort. Springer Fachmedien Wiesbaden, Wiesbaden, S. 633-645.

Brunner, Franz J. (2008): Japanische Erfolgskonzepte KAIZEN, KVP, Lean Production Management, Total Productive Maintenance, Shopfloor Management, Toyota Production Management. Praxisreihe Qualitätswissen Hanser, München.

Brunner, Franz J. (2017): Japanische Erfolgskonzepte KAIZEN, KVP, Lean Production Management, Total Productive Maintenance, Shopfloor Management, Toyota Production System, GD3 - Lean Development. Praxisreihe Qualitätswissen. 4., überarbeitete Auflage. Aufl., Hanser, München.

Chiang, Mung; Zhang, Tao (2016): Fog and IoT: An overview of research opportunities. In: IEEE IoT Journal, 3 (6), S. 854–864.

DIN EN ISO 9241-110 (2008): Ergonomie der Mensch-System-Interaktion –

Teil 110: Grundsätze der Dialoggestaltung (ISO 9241-110:2006); Deutsche Fassung EN ISO 9241-110:2006.

DIN EN ISO 9241-210 (2011): Ergonomie der Mensch-System-Interaktion –

Teil 210: Prozess zur Gestaltung gebrauchstauglicher interaktiver Systeme (ISO 9241-210:2010);

Deutsche Fassung EN ISO 9241-210:2010.

Gölzer, Philipp; Amberg, Michael (2016): Big Data in Industrie 4.0 - Eine strukturierte Aufarbeitung von Anforderungen, Anwendungsfällen und deren Umsetzung. Technische Fakultät, Friedrich-Alexander-Universität Erlangen-Nürnberg: Online-Ressource Seiten, http://nbn-resolving.de/urn:nbn:de:bvb:29-opus4-81063

http://d-nb.info/1123806233/34

https://opus4.kobv.de/opus4-fau/frontdoor/index/index/docId/8106.

Gölzer, Philipp; Cato, Patrick; Amberg, Michael (2015): Data processing requirements of Industry 4.0 - use cases for Big Data applications. European Conference on Information Systems (ECIS). Münster. 23.

Hertle, Christian (2017): Shopfloor Management Systeme zur zielgerichteten, systematischen Kompetenzentwicklung in der Produktion. Schriftenreihe des PTW: "Innovation Fertigungstechnik" Technische Universität Darmstadt, Darmstadt.

Iorga, Michaela; Feldman, Larry; Barton, Robert; Martin, Michael J.; Goren, Nedim; Mahmoudi, Charif (2018): Fog Computing Conceptual Model. Recommendations of the National Institute of Standards and Technology. Gaithersburg, National Institute of Standards and Technology.

Jansen, Herbert H. (1993): Lean Production in der mittelständischen Industrie. Springer, Berlin, Heidelberg.

Jones, M.; Bradley, J.; Sakimura, N. (2015): JSON Web Token (JWT), Internet Engineering Task Force (IETF).

Kagermann, Henning; Wahlster, Wolfgang; Helbig, Johannes (2013): Abschlussbericht des Arbeitskreises Industrie 4.0. Umsetzungsempfehlungen für das Zukunftsprojekt Industrie 4.0. Frankfurt, acatech.

König, Christina (2012): Analyse und Anwendung eines menschzentrierten Gestaltungsprozesses zur Entwicklung von Human-Machine-Interfaces im Arbeitskontext am Beispiel Flugsicherung. Fachbereich Maschinenbau, Technische Universität Darmstadt, Dr.phil.Seiten.

Literaturverzeichnis

Lindemann, Udo; Reichwald, Ralf; Zäh, Michael F. (2006): Individualisierte Produkte — Komplexität beherrschen in Entwicklung und Produktion. VDI Udo Lindemann

Ralf Reichwald

Michael F. Zäh, Heidelberg.

Markakis, Evangelos; Mastorakis, George; Mavromoustakis, Constandinos X.; Pallis, Evangelos (2017): Cloud and Fog Computing in 5G Mobile Networks Emerging Advances and Applications. IET Telecommunications Series The Institution of Engineering and Technology, London.

Mell, Peter; Grance, TImothy (2012): The NIST Definition of Cloud Computing. Recommendations of the National Institute of Standards and Technology. Gaithersburg, National Institute of Standards and Technology.

Nowak, Dawid (2017): Systematisierung und Bewertung der Customizing- und Modifikationsmöglichekiten von cloudbasierten ERP-Systemen. Wirtschaftswissenschaftliche Fakultät, Europa-Universität Viadrina Frankfurt (Oder)Seiten.

Oswald, Gerhard; Krcmar, Helmut (2018): Digitale Transformation Fallbeispiele und Branchenanalysen. Informationsmanagement und digitale Transformation Helmut Krcmar, Garching.Plattform Industrie 4.0 (2015): Umsetzungsstrategie Industrie 4.0 Ergebnisbericht der Plattform Industrie 4.0. 1. Aufl., Bitkom e.V.,

VDMA e.V.,

ZVEI e.V.,, Berlin

Frankfurt.

Pröbster, Monika; Haque, Mirza Ehsanul; Haag, Maren; Marsden, Nicola (2017): Framing Personas: Enhancing Engagement and Perspective Taking. Mensch und Computer 2017 - Tagungsband. Regensburg, Gesellschaft für Informatik e. V.

Proff, Heike; Fojcik, Thomas M. (2018): Mobilität und digitale Transformation technische und betriebswirtschaftliche Aspekte. Heike Proff

Thomas Martin Fojcik, Duisburg.

Steimle, Toni; Wallach, Dieter (2015): Collaborative UX Design Lean UX und Design Thinking: Teambasierte Entwicklung menschzentrierter Produkte. 1. Auflage. Aufl., dpunkt.verlag, Heidelberg.

Teich, Irene; Kolbenschlag, Walter; Reiners, Wilfried; Reiners, Wilfried; Kolbenschlag, Walter (2008): ˜Derœ richtige Weg zur Softwareauswahl Lastenheft, Pflichtenheft, Compliance, Erfolgskontrolle. Springer, Berlin Heidelberg.

von Gizycki, Vittoria œ; Elias, Carola Anna (2018): Omnichannel Branding Digitalisierung als Basis erlebnis- und beziehungsorientierter Markenführung. SpringerGabler, Berlin.